Deutsch, so einfach!

Yuji Kurata
Thomas Stahl
Misa Fujiwara

かしこく学ぶドイツ語

〈録音について〉
🎧がある箇所には、ネイティブスピーカーによる録音があります。
同学社のホームページ（http://www.dogakusha.co.jp/08900_onsei.html）
からダウンロードできます。

はじめに

　本書は、基礎的な文法知識を習得するための初級ドイツ語入門書です。しかし従来の教科書の形にとらわれずに、「話す・書く・読む・聴く」の四技能が身につき、いろいろなスタイルの実用的なドイツ語表現を学ぶことができるようになっています。

本書の特徴は以下の通りです。
・既習の平易な英語を効果的に配置しています。ドイツ語学習の一助として英語を自然な形で活かしつつ、初習ドイツ語の語彙が少しでも容易に身につくようにしました。効果的な学習によりドイツ語のスキルアップが無理なくできます。

・文法説明のための対話文ではなくて、それぞれの場やシチュエーションに応じてごく自然なドイツ語であることや、当該表現の真正性に細心の注意を払いつつ、対話やメール文、さらにはチャットなどの例を多数示し、また時事ドイツ語や文学作品の一部も取り入れました。そして随時聴き取り練習ができるようにも配慮しました。加えて各課には補充の小テストを用意しました。

　ドイツ語学習者が自習しやすくなるように、できるだけ既習事項を振り返りつつ、前後のつながりを捉えられるようにテキストを編みました。また各課では、各文法項目について丁寧に説明するように心がけました。

　様々なコミュニケーションツールのあふれる今日、このツールを活かし、世界とつながり、世界を知る可能性が、ドイツ語という新しい言語を学ぶことで、またひとつ広がります。この可能性を開くことに資すれば、著者にとってこれにまさる喜びはありません。

　２０１８年　春

著　者

目　次

はじめに
ドイツ語のアルファベート･･････････････････2
発音･･････････････････････････････････････3

Lektion 1 ･･･6
　　基本の語彙を増やそう
Lektion 2 ･･10
　　動詞の変化と動詞の位置（1）
Lektion 3 ･･14
　　名詞の性と冠詞（1格・4格）
Lektion 4 ･･18
　　冠詞の仲間・2格と3格
Lektion 5 ･･22
　　最重要動詞（haben/werden/sein）・他動詞と自動詞・人称代名詞（3格・4格）
　　・名詞の複数形
Lektion 6 ･･26
　　前置詞
Lektion 7 ･･30
　　不規則変化動詞・命令形・動詞の位置（2）
Lektion 8 ･･34
　　複合動詞・再帰代名詞［動詞］・非人称の es
Lektion 9 ･･38
　　主文の語順・話法の助動詞・möchte・未来形・zu 不定詞［句］
Lektion10 ･･42
　　動詞の三基本形・現在完了形・過去形
Lektion11 ･･46
　　受動文・現在分詞［句］と過去分詞［句］
Lektion12 ･･50
　　形容詞と副詞
Lektion13 ･･54
　　定関係代名詞・指示代名詞・不定関係代名詞
Lektion14 ･･58
　　接続法第2式

補遺････････････････････････････････････62
おもな不規則動詞の変化表･･････････････････68

ドイツ語の Alphabet ［アルファベート］

活字体	字 名	発音	活字体	字 名	発音
A a	[aː]　アー	[a]	R r	[ɛr]　エル	[r]
B b	[beː]　ベー	[b]	S s	[ɛs]　エス	[s]
C c	[tseː]　ツェー	[ts]	T t	[teː]　テー	[t]
D d	[deː]　デー	[d]	U u	[uː]　ウー	[u]
E e	[eː]　エー	[e]	V v	[faʊ]　ファオ	[f]
F f	[ɛf]　エフ	[f]	W w	[veː]　ヴェー	[v]
G g	[geː]　ゲー	[g]	X x	[ɪks]　イクス	[ks]
H h	[haː]　ハー	[h]	Y y	[ˈʏpsilɔn]　ユプスィロン	[ʏ]
I i	[iː]　イー	[i]	Z z	[tsɛt]　ツェット	[ts]
J j	[jɔt]　ヨット	[j]			
K k	[kaː]　カー	[k]			
L l	[ɛl]　エル	[l]			
M m	[ɛm]　エム	[m]	ß	[ɛs ˈtsɛt]　エス・ツェット	[s]
N n	[ɛn]　エン	[n]			
O o	[oː]　オー	[o]	Ä ä	[aː ʊmlaʊt]　アー・ウムラオト	[ɛː]
P p	[peː]　ペー	[p]	Ö ö	[oː ʊmlaʊt]　オー・ウムラオト	[øː]
Q q	[kuː]　クー	[k]	Ü ü	[uː ʊmlaʊt]　ウー・ウムラオト	[yː]

Die Aussprache（発音）

1. だいたいローマ字のように読み、書いてある文字はすべて読みます。
2. アクセントは原則として第一音節にあります。
3. 母音は原則として子音一個の前では長く、二個以上の子音の前では常に短く発音されます。

母音

a	[aː]	Name	(*name*)	[a]	Garten	(*garden*)
e	[eː]	geben	(*give*)	[ɛ]	Tennis	(*tennis*)
i	[iː]	Titel	(*title*)	[ɪ]	trinken	(*drink*)
o	[oː]	rot	(*red*)	[ɔ]	kommen	(*come*)
u	[uː]	gut	(*good*)	[ʊ]	unter	(*under*)

変母音

ä	[ɛː]	Bär	(*bear*)	[ɛ]	hängen	(*hang*)
ö	[øː]	hören	(*hear*)	[œ]	öffnen	(*open*)
ü	[yː]	Tür	(*door*)	[ʏ]	Brücke	(*bridge*)

複母音

au	[aʊ]	Auge	(*eye*)	Auto	(*auto*)
ei	[aɪ]	Eis	(*ice*)	mein	(*my*)
ie	[iː]	Bier	(*beer*)	hier	(*here*)

※ただし、Familie [famíːliə] (*family*)

eu	[ɔʏ]	Europa	(*Europe*)	neu	(*new*)
äu	[ɔʏ]	Räuber	(*robber*)	träumen	(*dream*)

子音

母音＋h （h は無音、長母音化）

| | | gehen | (go) | Ohr | (ear) |

語末の b・d・g

b	[p]	halb	(half)	Kalb	(calf)
d	[t]	und	(and)	Land	(land)
g	[k]	Flug	(flight)	Montag	(Monday)

語末の -ig

| | [ɪç] | Honig | (honey) | König | (king) |

a・o・u・au の後ろの ch

| ch | [x] | Nacht | (night) | Tochter | (daughter) |
| | | Buch | (book) | auch | (…も) |

それ以外の ch

ch	[ç]	Technologie	(technology)	Milch	(milk)
		Küche	(kitchen)	reich	(rich)
j	[j]	Jahr	(year)	jung	(young)
pf	[pf]	Apfel	(apple)	Kopf	(head)
qu	[kv]	Qualität	(quality)	Quartett	(quartet)

母音の前の s

s	[z]	Musik	(music)	singen	(sing)
ss	[s]	besser	(better)	küssen	(kiss)
ß	[s]	Fuß	(foot)	heißen	(…という名である)
sch	[ʃ]	Englisch	(English)	scharf	(sharp)
tsch	[tʃ]	deutsch	(ドイツの)	tschüs	(バイバイ)

語頭の **sp-**・**st-**

sp	[ʃp]	Sport	(*sport*)	sprechen	(*speak*)
st	[ʃt]	Straße	(*street*)	studieren	(*study*)
v	[f]	Vater	(*father*)	vier	(*four*)
w	[v]	Wind	(*wind*)	Wein	(*wine*)
z	[ts]	tanzen	(*dance*)	zentral	(*central*)
tz	[ts]	letzt	(*last*)	Hitze	(*heat*)
ts	[ts]	nachts	(夜に)	rechts	(*right*)
ds	[ts]	Landshut	(地名)	tausendst	(*thousandth*)
chs	[ks]	Fuchs	(*fox*)	sechs	(*six*)

練習問題

下のそれぞれの語を読みましょう。その後、音声を聴いて読み方を確認しましょう。🎧4

Feuer	Katze	Haus	Licht	finden	Moment
Reis	Bibel	Sonne	Bruder	Lippe	Maus

表の単語に対応する英単語を下記から選び、空欄に入れましょう。

> *moment   fire   brother   lip   bible   cat*
> *light   find   sun   mouse   house   rice*

Lektion 1　基本の語彙を増やそう

☆1　音声を聴き、ドイツ語の言い方を覚えましょう。🎧5

☆2　対応すると思われる独単語を選び出して上の空欄に入れましょう。

―月―

November　　April　　Juni　　September　　Februar　　Oktober
August　　Januar　　Mai　　Juli　　März　　Dezember

(im)	(im)	(im)	(im)
(in) January	*(in) February*	*(in) March*	*(in) April*
(im)	(im)	(im)	(im)
(in) May	*(in) June*	*(in) July*	*(in) August*
(im)	(im)	(im)	(im)
(in) September	*(in) October*	*(in) November*	*(in) December*

―曜日―

1	Mo.		(am) Dienstag	*(on) Monday*
2	Di.		(am) Samstag	*(on) Tuesday*
3	Mi.		(am) Mittwoch	*(on) Wednesday*
4	Do.		(am) Freitag	*(on) Thursday*
5	Fr.		(am) Sonntag	*(on) Friday*
6	Sa.		(am) Montag	*(on) Saturday*
7	So.		(am) Donnerstag	*(on) Sunday*

―時の単位―

Tag　　Monat　　Minute　　Stunde　　Jahr　　Woche　　Sekunde

second	*minute*	*hour*	*day*	*week*	*month*	*year*

―四季―

Sommer	Winter	Frühling	Herbst
(im)	(im)	(im)	(im)
(in) spring	*(in) summer*	*(in) fall*	*(in) winter*

―基数―

fünf	zehn	eins	sieben	neun	drei	sechs	zwei	vier	acht
one	*two*	*three*	*four*	*five*	*six*	*seven*	*eight*	*nine*	*ten*

―国名―

Frankreich	Spanien	Italien	Griechenland	Finnland	Dänemark
Finland	*Greece*	*France*	*Italy*	*Denmark*	*Spain*

―言語―

Französisch	Finnisch	Italienisch	Griechisch	Spanisch	Dänisch
Spanish	*Greek*	*French*	*Italian*	*Danish*	*Finnish*

練 習 問 題

【１】 下の掲示板はある Museum（*museum*）の開館案内です。次の質問に日本語で答えましょう。

① この Museum は何月何日から何月何日まで開いていますか。

② 土日は閉館日ですか。

③ 午前中に開いているのはいつですか。

④ どの季節が閉館中ですか。この答えは独単語で言いましょう。

> Öffnungszeiten
> **1. Mai bis 30. September**
> Di bis Fr　　　13:30 bis 16:30 Uhr
> Sa und So　　10:00 bis 12:00 Uhr
> Mo　　　　　geschlossen!
> **1. Oktober bis 31. Oktober**
> Mo bis So　　13:30 bis 16:00 Uhr
> **Von November bis April**
> 　　　　geschlossen!

※独単語 „geschlossen" は英単語の "*closed*" にあたる語。

【2】 7ページの［国名・言語］を参考にして下の地図上に矢印で示されている国の名前と、その国で話されている言語をそれぞれドイツ語で記入しましょう。なお、ドイツ語は Österreich (*Austria*) や Schweiz (*Switzerland*) でも話されています。ドイツ語圏の国名は日本語で地図に記入しましょう。

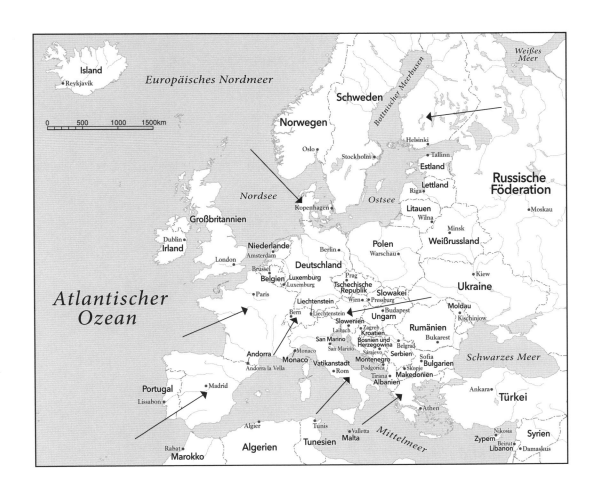

Lektion 2　動詞の変化と動詞の位置（１）

【１】動詞の変化（A）

ドイツ語の動詞は -----**en** または -----**n** の形をしていて、この形を**不定詞**と言います。そしてこの語尾 -----**(e)n** は主語に応じて変化します。主語が **ich**（私）のときは -----**e** になります。このように主語に応じた語尾を持つ動詞を**定動詞**と言います。

基本例１－自己紹介－

Ich heiß**e** Akira Tanaka.　　　私は田中アキラと言います。

Ich komm**e** aus Japan.　　　私は日本の出身です。

Ich wohn**e** in Regensburg.　　　私はレーゲンスブルクに住んでいます。

Ich studier**e** Informatik.　　　私は大学で情報科学を専攻しています。

Ich sprech**e** Japanisch.　　　私は日本語を話します。

【２】動詞の変化（B）

主語が **du**（君）のとき動詞の語尾は -----**st** になります。ただし、heiß**en** の場合は、Heiß**st du**----- とはならずに、口調上 Heiß**t du**----- となります。

Heiß**t du** Akira Tanaka?

Komm**st du** aus Japan?

Wohn**st du** in Regensburg?

Studier**st du** Informatik?

> ものを尋ねるとき、疑問詞を用いない場合は**定動詞＋主語の型**になります。

Wie heiß**t du**?

Woher komm**st du**?

Wo wohn**st du**?

Was studier**st du**?

> 疑問詞を用いる場合は**疑問詞＋定動詞＋主語の型**になります。

Wer heiß**t** Akira Tanaka?

Er heiß**t** Akira Tanaka.

> 主語が三人称単数のときは動詞の語尾は -----**t** になります。

☆1　自己紹介の場面を想定して次のやりとりを完成しましょう。動詞には語尾を補い、----- 部には7ページの［国名・言語］と下の表から［学科名］を適当に選び出してください。

Ich heiß -----	Heiß du -----?	Ja, ich heiß -----
Ich komm -----	Komm du -----?	Ja, ich komm -----
Ich wohn -----	Wohn du -----?	Ja, ich wohn -----
Ich studier -----	Studier du -----?	Ja, ich studier -----

―学科名―

Soziologie	Philosophie	Physik	Journalismus	Architektur
sociology	*philosophy*	*physics*	*journalism*	*architecture*
Biologie	Informatik	Chemie	Medizin	Pharmazie
biology	*informatics*	*chemistry*	*medicine*	*pharmacy*

【3】動詞の位置

Ich wohne jetzt in Regensburg.

Jetzt wohne ich in Regensburg.

In Regensburg wohne ich jetzt.

Wo wohnst du jetzt?

Wohnst du auch in Regensburg?

> 定動詞は、疑問詞を用いない疑問文を除き、文成分単位で見て必ず2番目におきます。

【4】ja・nein・doch

肯定での問いに対して肯定で答えるときは ja で、否定で答えるときは nein で答えます。一方、否定での問いに対して肯定で答えるときは doch で、否定で答えるときはやはり nein で答えます。

Wohnst du in Regensburg?
　君はレーゲンスブルクに住んでいるのですか。

- **Ja**, ich wohne in Regensburg.
　はい、私はレーゲンスブルクに住んでいます。

- **Nein**, ich wohne **nicht** in Regensburg.
　いいえ、私はレーゲンスブルクには住んでいません。

Wohnst du **nicht** in Regensburg?
　君はレーゲンスブルクには住んでいないのですか。

- **Doch**, ich wohne in Regensburg.
　いいや、私はレーゲンスブルクに住んでいます。

- **Nein**, ich wohne **nicht** in Regensburg.
　ええ、私はレーゲンスブルクには住んでいません。

☆2　次の質問に肯定と否定の両方で答えましょう。ただし③について否定で答える場合は nicht を用いず別の学科名で答えましょう。

① Heißt du Lena Müller?　　　② Kommst du nicht aus München?

③ Studierst du Soziologie?

【5】動詞の変化（C）

主語が複数になると動詞の語尾は下記のようになります。

Ich komm**e** aus Japan.	**Wir** komm**en** aus Japan.
Ich wohn**e** in Regensburg.	**Wir** wohn**en** in Regensburg.
Komm**st du** aus Japan?	Komm**t ihr** aus Japan?
Wohn**st du** in Regensburg?	Wohn**t ihr** in Regensburg?
Studier**t er** Physik?	Studier**en sie** Physik?
Studier**t sie** auch Physik?	Studier**en sie** auch Physik?

― ま と め ―

不定詞：語幹＋語尾 [e]n	
Ich (*I*) -----e	**wir** (*we*) -----en
du (*you*) -----st	**ihr** (*you*) -----t
er (*he*) **sie** (*she*) -----t **es** (*it*)	**sie** (*they*) -----en
Sie (*you*) -----en	

ここがポイント

人称代名詞には頭文字のsを常に大書する **Sie** というものがあります。これは敬称2人称と言い、親しい人同士とは異なり、「あなた（方）は…」と丁寧に話しかける人に対して用います。
Wo wohn**en Sie** jetzt?
Was mach**en Sie**?

☆3　次の各文の主語を複数にして言いましょう。

① Ich lerne Deutsch. Du lernst Koreanisch. Er lernt Chinesisch.

② Ich spiele Gitarre. Du spielst Orgel. Sie spielt Flöte.

③ Ich trinke Wein. Du trinkst Cola. Er trinkt Bier.

Gitarre	Flöte	Orgel	Baseball	Fußball	Tennis	Snowboard
guitar	*flute*	*organ*	*baseball*	*soccer(football)*	*tennis*	*Snowboard*

Bier	Milch	Cola	Wein	Kaffee	Limonade	Tee	Wasser
beer	*milk*	*cola*	*wine*	*coffee*	*lemonade*	*tea*	*water*

【6】動詞の変化（D）

口調上の問題

	finden	arbeiten	reisen	tanzen
ich	finde	arbeite	reise	tanze
du	findest	arbeitest	reist	tanzt
er/sie/es	findet	arbeitet	reist	tanzt
wir	finden	arbeiten	reisen	tanzen
ihr	findet	arbeitet	reist	tanzt
sie	finden	arbeiten	reisen	tanzen
Sie	finden	arbeiten	reisen	tanzen

練 習 問 題

上下の対照表を参考にして、次のそれぞれの質問に答えましょう。

① Welches Musikinstrument * spielst du gern?

　 Welches Musikinstrument spielst du nicht gern?

② Welchen Sport * treibst du gern?　Welchen Sport treibst du nicht gern?

③ Was trinkst du gern?　Was trinkst du nicht gern?

＊ Welches Musikinstrument：「どんな楽器を」／Welchen Sport：「どんなスポーツを」3課の【4】を参照。

Eiskaffee	Weißwein	Apfelsaft	Orangensaft	Mineralwasser
iced coffee	*white wine*	*apple juice*	*orange juice*	*mineral water*

Lektion 3　名詞の性と冠詞（１格・４格）

【1】名詞の性と定冠詞

名詞は常に頭文字を大書し、文法上、男性・中性・女性の性の区別があり、この性の違いは、例えば定冠詞 der の語尾の違いに現れます。

der Dom 男	das Theater 中	die Donau 女
the dome (cathedral)	the theater	the Danube

― Alles klar! ―　独英の違いは？　似ている点は？

基本例１ ―市街地図を見る―

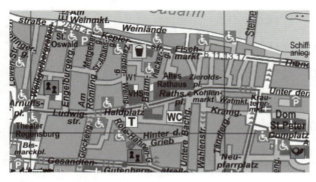

der Dom　　　　　　　「大聖堂」
der Bahnhof　　　　　「駅」
die Donau　　　　　　「ドナウ川」
die Steinerne Brücke　「石橋」
das Rathaus　　　　　「市役所」
das Theater　　　　　「劇場」

Wo ist **der** Dom?

Wo ist **das** Rathaus?

Wo ist **die** Steinerne Brücke?

☆1　次の名所旧跡に定冠詞を入れましょう。

＿＿＿ Schloss Neuschwanstein　「ノイシュヴァンシュタイン城」

＿＿＿ Marienplatz　　　　　　「マリエン広場」

＿＿＿ Romantische Straße　　　「ロマンティック街道」

定冠詞の語尾は文中の働きによって変わることがあります。

Ich suche **den** Dom. **Den** Dom sehe ich noch nicht.

Ich suche **das** Rathaus. Wo finde ich **das** Rathaus?

Ich suche **die** Steinerne Brücke. **Die** Brücke fotografiere ich gern.

それぞれ名詞は他動詞（suchen/sehen/finden）の目的語になっていて、ドイツ語文法ではこれを4格目的語と言います。ただし男性名詞では主語（1格）の場合と語尾が異なります。なお格は1格から4格までありますが、2格と3格については後で学びます。

	男	中	女
1格	**der**	**das**	**die**
2格			
3格			
4格	**den**	**das**	**die**

☆2　下のそれぞれの語の前に定冠詞を補って、「…はどこですか。私は…を探しています」と言いましょう。

Bibliothek	Mensa	Cafeteria	Sportzentrum
Marktplatz	Post	Museum	Touristeninformation

【2】複合名詞の性

複合名詞の性は、例えば上の Sport**zentrum** や Touristen**information** のように、最後にきている名詞の性になります。

☆3　それぞれの名詞の性を辞書で調べて（　）内に男／中／女を書き入れ、次に音声を聴いて複合名詞の性に一致していることを確認しましょう。そして表を完成しましょう。🎧₆

> Apfelsaft　　Tischtennis　　Hotelzimmer
> Konzerthalle　　Hauptbahnhof　　Rotwein

Zimmer( )	Wein( )	Halle( )	Saft( )	Tennis( )	Bahnhof( )
hotel room	*red wine*	*concert hall*	*apple juice*	*table tennis*	*main station*

【3】名詞の性と不定冠詞

名詞には不定冠詞 ein を付けることもあります。そしてこの ein も名詞の性や働きに応じて語尾が変わることがあります。

ein Supermarkt 男	ein Hotel 中	eine Bäckerei 女
a supermarket	*a hotel*	*a bakery*

— Alles klar! — 独英の違いは？ 似ている点は？

基本例2 －場所を尋ねる－

Wo ist **ein** Supermarkt? Ich suche **einen** Supermarkt.

Wo ist **ein** Café? Ich suche **ein** Café.

Wo ist **eine** Bäckerei? Ich suche **eine** Bäckerei.

☆4　買い物の場面を思い浮かべて音声を聴き、下線部に聞き取った語を入れましょう。🎧7

Verkäuferin: Guten Tag!

　　　Paul: Hallo!

Verkäuferin: Was wünschen Sie?

　　　Paul: Ich suche ＿＿＿ Jacke.

　　　　　Aber die Jacke hier ist sehr teuer.

Verkäuferin: Die Jacke dort drüben ist preiswert.

　　　　　Sie ist ＿＿＿ Sonderangebot.

　　　Paul: Gut! Die Jacke nehme ich.

☆5　まず下の表を完成して、上記の買い物の場面に出てくる名詞を下の他の語にかえて言いましょう。

　Ring　Bett　Buch　Kamera　Computer　Jacke　Lampe　Sofa

| *computer* | *sofa* | *book* | *camera* | *lamp* | *ring* | *bed* | *jacket* |

不定冠詞につく語尾は、男性1格・中性1格と4格で無語尾になり、この点が定冠詞の語尾とは根本的に異なります。

	男	中	女
1格	d**er**	d**as**	d**ie**
2格			
3格			
4格	d**en**	d**as**	d**ie**

→

	男	中	女
1格	ein	ein	ein**e**
2格			
3格			
4格	ein**en**	ein	ein**e**

練 習 問 題

各文中の定冠詞と不定冠詞に語尾を入れましょう。ただし語尾が不要な場合もあります。

① Ich brauche **ein**＿＿ Computer. **D**＿＿ Computer hier ist aber teuer.

② Ich habe **ein**＿＿ Sofa. **D**＿＿ Sofa ist sehr bequem.

③ Ich suche **ein**＿＿ Lampe. **D**＿＿ Lampe hier ist **ein**＿＿ Sonderangebot.

Lektion 4　冠詞の仲間・2格と3格

【1】所有冠詞（1）

不定冠詞の仲間［不定冠詞類］は所有冠詞と否定冠詞です。ここではまず所有冠詞について学びます。

基本例1－家族の紹介A－ 🎧₈

☆1　音声を聴き、下線部に語を入れましょう。

Das ist ____ Familie.　*This is my family.*

Das ist ____ Vater. Das ist ____ Mutter.

Ich besuche manchmal ____ Vater und ____ Mutter.

Das ist ____ Bruder. Er heißt Paul.

Das ist ____ Schwester.

Sie heißt Anna.

Und das ist ____ Fahrrad.

Wie findest du ____ Fahrrad?

Und das ist ____ Haus.

	男	中	女
1格	m**ein**	m**ein**	m**eine**
2格			
3格			
4格	m**einen**	m**ein**	m**eine**

上の例文は第3課で学んだ不定冠詞とこの課で学ぶ不定冠詞の仲間の語尾の付け方が単数形では同じになることを示しています。なお、所有冠詞は下表の通りです。

mein	dein	sein	ihr	sein	unser	euer	ihr	Ihr
my	*your*	*his*	*her*	*its*	*our*	*your*	*their*	*your*

☆2　上の家族紹介を er「彼」と sie「彼女」にして言いましょう。

【2】所有冠詞（2）

不定冠詞と不定冠詞の仲間［不定冠詞類］は他の語との結びつきに応じて2格・3格でさらに語尾が変わります。

基本例２－家族の紹介Ｂ－ 🎧9

☆３　音声を聴き、下線部に語を入れましょう。

－２格－

Das ist das Auto ＿＿＿ Vater**s**.　　*This is my father's car.*

Die Farbe ＿＿＿ Fahrrad**s** ist toll.　　私の自転車の色はステキです。

Ein Hobby ＿＿＿ Schwester ist Fußball.　　*My sister's hobby is soccer.*

－３格－

Das Fahrrad gehört nicht ＿＿＿ Bruder.　　この自転車は私の兄（弟）のものではありません。

Die Farbe passt sehr gut zu ＿＿＿ Fahrrad.　　この色は私の自転車にとてもよく合っています。

Meine Schwester ist ＿＿＿ Mutter ähnlich.　　私の姉（妹）は私の母に似ています。

1) ２格はふつう「…の」というふうに所有を表し、かかる語の後ろにもってきます。そしてほとんどの男性名詞とすべての中性名詞については、名詞自体の後ろにさらに -(e)s の語尾を付けます。
2) ３格は３格目的語を必要とする語との関わりで用います。上記－３格－３番目の例文では形容詞 ähnlich「…に似ている」との関わりで３格になっています。
3) ３格目的語を必要とする語は他に自動詞と前置詞があります。前置詞については６課で学びます。なお、他動詞も３格目的語＋４格目的語という形になることがあります。

Das Auto gehört m**einem** Vater. Ich komme mit m**einer** Schwester.

不定冠詞の仲間［不定冠詞類］と不定冠詞の２格、３格の語尾は同じです。つまり、単数形の名詞と結びつくときは、１格、２格、３格、４格の両者の語尾はすべて同じになります。

不定冠詞の仲間の格変化

	男	中	女
１格	**m**ein	**m**ein	**m**ein**e**
２格	**m**ein**es**	**m**ein**es**	**m**ein**er**
３格	**m**ein**em**	**m**ein**em**	**m**ein**er**
４格	**m**ein**en**	**m**ein	**m**ein**e**

不定冠詞の格変化

	男	中	女
１格	ein	ein	ein**e**
２格	ein**es**	ein**es**	ein**er**
３格	ein**em**	ein**em**	ein**er**
４格	ein**en**	ein	ein**e**

【3】定冠詞の2格と3格

定冠詞の2格と3格も語尾が変化します。もっとも、不定冠詞と不定冠詞の仲間［不定冠詞類］、そしてこの定冠詞と次に学ぶ定冠詞の仲間［定冠詞類］の2格と3格の語尾変化はすべて同じになります。

Die Nationalität **des** Vater**s** ist deutsch.

Die Nationalität **der** Mutter ist italienisch.

Der Bruder ist **dem** Vater ähnlich.

Die Schwester ist **der** Mutter ähnlich.

	男	中	女
1格	d**er**	d**as**	d**ie**
2格	d**es**	d**es**	d**er**
3格	d**em**	d**em**	d**er**
4格	d**en**	d**as**	d**ie**

— Alles klar! —

Nationalität にあたる英単語は *nationality* です。この種の対応関係を念頭に空欄を埋めましょう。なお、-tät 型の名詞は女性名詞です。

	Humanität		
quality		*activity*	
	気質		大学

【4】定冠詞の仲間

定冠詞とよく似た格変化をするものとして定冠詞の仲間［定冠詞類］があります。変化の仕方が定冠詞と根本的に異なるのは中性1格と4格です。

	男	中	女
1格	dies**er**	dies**es**	dies**e**
2格	dies**es**	dies**es**	dies**er**
3格	dies**em**	dies**em**	dies**er**
4格	dies**en**	dies**es**	dies**e**

① **Dieser** Computer ist gut.

② **Dieses** Sofa ist bequem.

③ **Diese** Kamera ist preiswert.

なお、定冠詞の仲間［定冠詞類］には他に以下のようなものがあります。

welch**er**　　all**er**　　jed**er**　　※なお、jeder は単数形でのみ用います。

☆4 語尾を補っていろいろ練習しましょう。

〔例〕 Welch**en** Wein trinken Sie gern?

- Dies**en** Wein trinke ich gern. Dies__ Wein schmeckt sehr gut.

① Welch__ Kuchen kaufen Sie gern?

- Dies__ Kuchen kaufe ich gern. Dies__ Kuchen schmeckt sehr gut.

② Welch__ Bier trinken Sie gern?

- Dies__ Bier trinke ich gern. Dies__ Bier schmeckt sehr gut.

③ Welch__ Wurst essen Sie gern?

- Dies__ Wurst esse ich gern. Dies__ Wurst schmeckt sehr gut.

【5】否定の仕方 － **nicht** それとも **kein** －

不定冠詞付きの名詞を否定したり、無冠詞の名詞を否定するときには nicht ではなくて否定冠詞 kein を用います。

Ich suche ein**en** Supermarkt. Ich finde noch **k**einen Supermarkt.

Hast du noch **k**ein**en** Hunger? – Doch, ich habe schon Hunger.

Hast du morgen Zeit? – Nein, ich habe morgen **k**ein**e** Zeit.

練 習 問 題

英・独単語を比較しながら、各身体部位名をドイツ語で記入し、例にならって部位名を入れ替えましょう。

der Arm　　die Hand
die Schulter　　der Fuß
der Finger　　die Lippe
das Auge　　die Nase
das Ohr　　das Knie
der Ellbogen

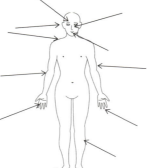

ear	foot
eye	lip
elbow	arm
finger	hand
shoulder	nose
knee	

〈例〉 Mein Arm tut weh. Heute untersucht der Arzt meinen Arm.

Lektion 5　最重要動詞（haben/werden/ sein）・他動詞と自動詞・人称代名詞（3格・4格）・名詞の複数形

【1】最重要動詞（1）－ haben －

haben は英語の have に当たる動詞で完了の助動詞（１０課）としても用いられるとても重要な動詞です。なお変化の仕方は、主語が単数２・３人称のときに不規則な変化をします。

haben			
ich	habe	wir	haben
du	hast	ihr	habt
er	hat	sie	haben
Sie haben			

wohnen			
ich	wohne	wir	wohnen
du	wohnst	ihr	wohnt
er	wohnt	sie	wohnen
Sie wohnen			

基本例１－体調についてチャットする（A）－

☆１　haben の変化形に下線を引きましょう。

－ Was fehlt dir, Paul?

　　Seit gestern habe ich Husten. Der Hals tut mir weh.

－ Hast du kein Fieber?

　　Doch, ich habe ein bisschen Fieber und keinen Appetit.

－ Das ist nicht gut. Du bist vielleicht erkältet. Gute Besserung!

　　Danke, Lena!

最重要動詞（2）－ werden －

werden は英語の *become* に当たる動詞として機能するだけでなく、未来・推量の助動詞（９課）として、さらにはまた受動の助動詞（１１課）としても用いられるとても重要な動詞です。なお変化の仕方は、haben 同様主語が単数２・３人称のときに不規則な変化をします。

基本例２ －体調についてチャットする（B）－

☆２　werden の変化形に下線を引きましょう。

- Paul, hast du immer noch Husten?
- Ja, Lena. Aber nicht mehr so stark.
- Gut, dann wirst du doch langsam wieder gesund.
- Ich hoffe, mein Husten wird nicht wieder schlimmer.

werden			
ich	werde	wir	werden
du	wirst	ihr	werdet
er	wird	sie	werden
Sie werden			

☆３　表を完成させ、基本例２のヴァリエーションをいろいろ作りましょう。

Magenschmerzen　Zahnschmerzen　Rückenschmerzen　Kopfschmerzen

back pain	headache	stomachache	toothache

最重要動詞（３）－ sein －

sein は英語の be 動詞に当たる動詞です。しかし、英語とは異なり、完了の助動詞（１０課）としても用いられるとても重要な動詞です。人称変化はまったく不規則な変化をします。

基本例３ －家族の紹介 C －　🎧 10

☆４　音声を聴き、下線部に語を入れましょう。

Mein Vater_____ Mechaniker. Er singt gern Karaoke. **Meine Mutter** _____ Hausfrau. **Ihr Hobby** ____ auch Karaoke. Und **sie** ____ beide sehr sportlich.

Mein Bruder ____ Student.

Ich ____ auch Studentin.

Wir ____ glücklich.

____ **ihr** auch glücklich?

sein			
ich	bin	wir	sind
du	bist	ihr	seid
er	ist	sie	sind
Sie sind			

Mechaniker	sportlich	singen	beide
mechanic	sporty	sing	both

☆5　不定詞 sein を適当に変化させて下線部に入れましょう。

① _____ ihr müde? - Nein, wir _____ nicht müde.

② _____ du satt? - Ja, ich _____ satt.

③ Was _____ er von Beruf? - Er _____ Pilot.

【2】他動詞と自動詞

他動詞は4格目的語を必要とする動詞であり、自動詞は4格目的語を必要としない動詞です。ただし2格や3格の目的語をとることはあります。

Ich kenne d**en** Mann.　　　　Das Auto gehört d**em** Mann.
　私はその男性を知っています。　　　この車はその男性のものです。

Ich frage d**ie** Lehrerin oft.　　Ich vertraue d**er** Lehrerin.
　私はその女の先生によく質問します。　私はその女の先生を信頼しています。

【3】人称代名詞の3格と4格

		1人称	親称2人称	3人称			敬称2人称
単数	1格	ich	du	er	es	sie	Sie
	3格	**mir**	**dir**	**ihm**	**ihm**	**ihr**	**Ihnen**
	4格	**mich**	**dich**	**ihn**	**es**	**sie**	**Sie**
複数	1格	wir	ihr	sie			Sie
	3格	**uns**	**euch**	**ihnen**			**Ihnen**
	4格	**uns**	**euch**	**sie**			**Sie**

Ich kenne **ihn**.　　　　　　Das Auto gehört **ihm**.

Ich frage **sie** oft.　　　　　Ich vertraue **ihr**.

【4】名詞の複数形

①名詞の複数形は次の5つのタイプに分けることができます。

Computer	Computer	同尾型	Monat	Monat**e**	e型	
Bruder	Br**ü**der		Hand	H**ä**nd**e**		
Kind	Kind**er**	er型	Jacke	Jacke**n**	(e)n型	
Buch	B**ü**ch**er**		Bett	Bett**en**		

| Kamera | Kameras | s型 |
| Sofa | Sofas | |

1) 同尾型・e型には幹母音 **a・o・u・au** が変音するものがあります。

2) **er**型では幹母音 **a・o・u・au** は必ず変音します。

3) **(e)n**型・**s**型では幹母音 **a・o・u・au** は絶対に変音しません。

②複数形になると冠詞・冠詞の仲間の語尾は基本的に同じになります。

1格	di**e**	dies**e**	welch**e**	mein**e**	ihr**e**	Kind**er**
2格	d**er**	dies**er**	welch**er**	mein**er**	ihr**er**	Kind**er**
3格	d**en**	dies**en**	welch**en**	mein**en**	ihr**en**	Kind**ern**
4格	di**e**	dies**e**	welch**e**	mein**e**	ihr**e**	Kind**er**

※複数3格ではさらに複数名詞の後ろに語尾 **-n** が付きます。ただし (e)n 型と s 型はその限りではありません。

☆6　各身体部位の複数形を確認しましょう。

Ohr	
Schulter	
Ellbogen	
Hand	
Fuß	

Auge	
Nase	
Lippe	
Arm	
Finger	
Knie	

練　習　問　題

文意が通るように（　）内の名詞を複数形に改めて下線部に入れましょう。

① Wie alt bist du? – Ich bin 10 _____ alt.　(Jahr)

② Haben Sie _____? – Ja, ich habe zwei _____ und eine Tochter.
　(Kind/Sohn)

③ Welche _____ haben 30 _____?　(Monat/Tag)

④ Wie heißen die vier _____?　(Jahreszeit)

⑤ Ein Tag hat 24 _____. Eine Stunde hat 60 _____.　(Stunde/Minute)

Lektion 6　前置詞

【1】前置詞の格支配

前置詞の後ろには決まった格の名詞や代名詞が来ます。これを前置詞の格支配と言います。

①２格支配の前置詞：後ろに２格の名詞や代名詞が来ます。

statt	「…の代わりに」	trotz	「…にもかかわらず」	
wegen	「…のために」	während	「…の間ずっと」	など

Während der Sommerferien jobbe ich.
　夏休みの間、私はずっとアルバイトをしています。

Wegen eines Stau**s** hat der Bus nach Füssen 30 Minuten Verspätung.
　渋滞のためにフュッセン行きのバスは３０分遅れている。

②３格支配の前置詞：後ろに３格の名詞や代名詞が来ます。

aus	「…の中から」	bei	「…のもとで、…の際に」	mit	「…とともに、…で」
nach	「…の後に、…の方へ、…によれば」		seit	「…以来」	
von	「…の、…から、…について」		zu	「…のところへ」	など

Sie wohnt **seit einem** Monat **bei ihrer** Tante.
　彼女は一ヶ月前から彼女のおばさんの所に住んでいる。

Wir fahren **mit dem Bus** nach Füssen.
　私たちはバスでフュッセンへ行きます。

③４格支配の前置詞：後ろに４格の名詞や代名詞が来ます。

bis	「…まで」	durch	「…を通って、…によって」	entlang	「…に沿って」
für	「…のために、…にとって」	gegen	「…に逆らって、…頃」		
ohne	「…なしに」	um	「…のまわりに、…に、…をめぐって」		など

Ich gehe morgen **ohne dich** zu ihm.
　私はあした君ぬきで彼の所へ行く。

Heute lerne ich **für die** Prüfung.
　今日は私は試験勉強をします。

☆1　語学講習会での自己紹介の場面を思い浮かべながら音声を聴き、下線部に語を入れましょう。🎧 11

Mein Name ist Akira Tanaka. Ich komme ____ Japan. ____ Woche wohne ich ____ Gastfamilie ____Regensburg. Sie ist sehr nett ____. Ich laufe gern ____ Altstadt. Die Aussicht ____ Steinernen Brücke ist wunderbar. ____ Sprachkurs bleibe ich 4 Wochen ____ Regensburg. Danach mache ich ____Freund eine Reise ____ Wien.

Gastfamilie	nett zu mir	wunderbar	ein Freund von mir
host family	*kind to me*	*wonderful*	*a friend of mine*

④3・4格支配の前置詞：後ろに3格または4格の名詞や代名詞が来ます。

次の9個の前置詞は、静止または動作の場所（wo?）を示すときには3格目的語を、他方、動作や運動の方向（wohin?）を表すときには4格目的語をとります。この違いは例えば動詞と結びつけてみるとよくわかります。

an	「…のきわ」	auf	「…の上」	hinter	「…の後ろ」
in	「…の中」	neben	「…の横」	über	「…の上方」
unter	「…の下」	vor	「…の前」	zwischen	「…の間」

Ich **esse** gern **in der** Mensa.　　Ich **gehe** jetzt **in die** Mensa.
　私はよく学生食堂で食べます。　　　　私はいまから学生食堂へ行きます。

Ein Junge **fährt auf dem** Domplatz Skateboard.
　ひとりの男の子が大聖堂広場でスケートボードをしている。

Ein Junge **kommt** mit dem Skateboard **auf den** Domplatz.
　ひとりの男の子がスケートボードを持って大聖堂広場にやって来る。

☆2　下線部に適当な語尾を入れましょう。

① Wohin gehst du jetzt ? – Ich gehe in d____ Stadt und in d____ Stadt treffe ich einen Freund.

② Viele Touristen steigen sehr gern auf d____ Turm. Auf d____ Turm hat man eine schöne Aussicht auf d__ Altstadt.

【2】前置詞＋定冠詞の融合形

定冠詞が持つ「その」という指示的な意味が弱まると前置詞＋定冠詞は融合形になります。前置詞＋定冠詞の融合形は慣用的表現によくみられます。

an dem → am	in dem → im	zu dem → zum	zu der → zur
an das → ans	auf das → aufs	in das → ins	など

Er jobbt **beim** Kiosk auf dem Domplatz.
彼は大聖堂広場のキオスクでアルバイトをしている。

(Er jobbt **bei dem** Kiosk auf dem Domplatz.)
（大聖堂広場のそのキオスクでアルバイトをしている。）

Ich gehe **zum** Arzt.　　　　　(**Zu dem** Arzt gehe ich nie.)
私は医者に行く。　　　　　　　　　（その医者には私は決して行かない。）

☆3　（　）内の前置詞を参考にして下線部に融合形を入れましょう。

① Ich gehe gern _____ Kino. （in）

② Ich fahre mit dem Bus _____ Universität. （zu）

③ Wie komme ich _____ Bahnhof? （zu）

【3】動詞・名詞・形容詞＋前置詞

動詞・名詞・形容詞は特定の前置詞と結びついてイディオム（熟語）になっていることがよくあります。

In der Stadt **achte** ich immer **auf** den Verkehr.
町では私はいつも車の往来に注意している。

Ich habe **Interesse an** dem Seminar.
私はそのゼミに興味がある。

Die Regensburger sind **auf** die Steinerne Brücke **stolz**.
レーゲンスブルク市民は石橋を誇りに思っている。

☆4　下線部に適当な前置詞を補ってみましょう。

① Ich bin _____ dem Sprachkurs **zufrieden**.

② Der Chef ist ganz streng. Ich habe **Angst** _____ ihm.

③ Nächste Woche beginnt mein Studium. Ich bin schon **neugierig** _____ die Professoren. ※太文字の語を辞書で丁寧に調べましょう。

練 習 問 題

道を尋ねる場面を思い浮かべて音声を聴き、下線部に前置詞［＋定冠詞の融合形］を入れましょう。

A: Entschuldigung! Wo bin ich jetzt gerade?

B: Sie sind gerade ____ dem Dachauplatz.

A: Wo finde ich den ____ dem Stadtplan?

B: Warten Sie ... Hier ist der Dachauplatz.

A: Wie kommt man ____ Dom?

B: Gehen Sie bitte ein bisschen weiter geradeaus und dann links _____ die Drei-Kronen-Gasse. _____ der Ecke sehen Sie einen Supermarkt. Sie gehen weiter _____ _____ Neupfarrplatz. Dort steht eine Kirche. Das ist aber nicht der Dom. Der Kirche _____ ist ein Kaufhaus. _____ der Kirche und dem Kaufhaus finden Sie die Residenzstraße. Sie gehen die Residenzstraße _____ und dann stehen Sie schon ____ dem Dom. Viel Spaß ____ Regensburg!

A: Vielen Dank für Ihre Hilfe. Auf Wiedersehen!

―ヒント―

bis zwischen in zum auf gegenüber vor an entlang

Lektion 7　不規則変化動詞・命令形・動詞の位置（２）

【1】不規則変化動詞

動詞の中には、haben や werden の変化（第5課参照）のように、主語が単数２・３人称の時に不規則な変化をするものがあります。この場合、表のように、幹母音 a が ä に変音するタイプと、幹母音 e が i または ie に変化するタイプがあります。

	fahren	halten	sprechen	nehmen	lesen	wissen
ich	fahre	halte	spreche	nehme	lese	**weiß**
du	f**ä**hrst	h**ä**ltst	spr**i**chst	n**i**mmst	l**ie**st	**weiß**t
er/es/sie	f**ä**hrt	h**ä**lt	spr**i**cht	n**i**mmt	l**ie**st	**weiß**

※なお、幹母音が変化するだけでなく、綴り方も変わるものが若干ありますので要注意です。なお、wissen は主語が単数１・２・３人称で不規則変化する唯一の動詞です。

基本例１ －行き方を尋ねる－ 🎧13

☆１　音声を聴き、下線部に語を入れましょう。

A: Entschuldigung! Wie komme ich zur Neuen Pinakothek?

B: Gehen Sie* hier geradeaus bis zum Karlsplatz! An der Tram-Haltestelle ＿＿＿ man die Linie 27 in Richtung Petuelring. Die Tram ＿＿＿ an der Haltestelle Pinakotheken. Die Neue Pinakothek ist auch mit der U-Bahn erreichbar.

A: Vielen Dank! Auf Wiedersehen!

B: Gern geschehen. Viel Spaß in München!

* „Gehen Sie----" は「行って下さい」の意で【２】で学ぶ Sie に対する命令形です。

― **Alles klar!** ―空欄に対応する独単語を入れましょう。

erreichen	denken	lösen	vergleichen	vorstellen
erreichbar				
achievable	*conceivable*	*solvable*	*comparable*	*imaginable*
achieve	*conceive/think*	*solve*	*compare*	*imagine*

― 30 ―

基本例２－学生食堂での会話（A）－ 🎧14

☆２　音声を聴き、下線部に語を入れましょう。

Lena: Hallo! Lernst du fleißig Deutsch?

Akira: Hallo! Ja, ich lerne fleißig Deutsch.

Lena: _____ du schon gut Deutsch?

Akira: Nein, leider noch nicht so gut. Deutsch ist schwer, macht aber Spaß. Übrigens, was _____ du?

Lena: Ich nehme Spaghetti. Und du? Was ____ du?

Akira: Ich nehme ein Schnitzel.

基本例３－学生食堂での会話（B）－ 🎧15

☆３　音声を聴き、下線部に語を入れましょう。

Lena: ____ du das? Am Freitag hat Paul Geburtstag. Er gibt eine Geburtstagsparty.

Akira: Das _____ ich schon.

Lena: Kommst du auch zur Party?

Akira: Das _____ ich noch nicht. Am Freitag habe ich leider Besuch. Aber ich komme vielleicht später. Mal sehen!

Er gibt eine Geburtstagsparty.	*He will hold a birthday party.*

☆４　下線部に（ ）内の不定詞を変化させ入れましょう。

① Sie ____ ihrer Mutter oft. (helfen)
　　彼女は彼女のお母さんの手伝いをよくする。

② Der Computer _____ mir sehr gut. (gefallen)
　　私はそのコンピュータをとても気に入っています。

③ Was ____ du gern? (lesen)
　　君は何を好んで読みますか。

④ Er _____ mir einen Besuch beim Hausarzt. (empfehlen)
　　彼は私にかかりつけの医者に行くように勧める。

【2】命令法

命令は2人称に対して行われ、ドイツ語では命令する相手によって du に対する命令、ihr に対する命令、それに Sie に対する命令があります。そしてそれぞれ動詞の形が異なります。以下、直説法の形（普通の言い方）と比較してみます。

	kommen	sprechen	例　外 sein	werden
du	kommst	sprichst	bist	wirst
命令	Komm(e)!	Sprich!	Sei---!	**Werde---!**
ihr	kommt	sprecht	seid	werdet
命令	Kommt!	Sprecht!	**Seid---!**	Werdet---!
Sie	kommen	sprechen	sind	werden
命令	Kommen Sie!	Sprechen Sie!	Seien Sie---!	Werden Sie---!

1) du に対する命令は［語幹］+ e の形にします。しかしこの語尾 -e はふつう省略されます。ただし、直説法で du arbeitest のように口調上 -e が入るものは -e を省略しません。
2) 主語が du の時に幹母音 e が i ないしは ie に変化する動詞を用いて du に対して命令するときは、同じように変化させて、語尾 -e はつけません。
3) sein と werden は例外になります。

☆5　次の各文を参考にして、du と ihr に対する命令形にしましょう。

① Ich nehme die Tram.　　　　→「トラムに乗りなさい」の意に。

② Ich komme auch zur Party.　→「パーティーに来なさい」の意に。

③ Ich helfe meiner Mutter.　　→「お母さんを手伝いなさい」の意に。

【3】動詞の位置（2）［副文］

次の二つの文はそれ自体で完結しています。こうした文を主文と呼びます。

i) Ich **komme** heute nicht.　　ii) Ich **habe** Fieber.

しかし、この二つの文を接続詞 **weil**（*because*）で結ぶと、理由を表す ii) の文だけでは文意が完結しません。こうしたときの未完結の文を副文と呼び、副文内では定動詞を文末に置きます。またこのときの接続詞を従属接続詞と言い、主文と副文はコンマで区切ります。

Ich **komme** heute nicht, **weil** ich Fieber **habe**.

 私は熱があるので今日行きません。 *I won't come today because I have a fever.*

副文が前に来ると、後続の主文は次のような語順になります。

Weil ich Fieber **habe, komme** ich heute nicht.

(※比較) **Wegen Fieber komme** ich heute nicht.

疑問詞を文頭に置く疑問文を目的語にするとき、疑問詞が従属接続詞の働きを兼ねるようになり、定動詞は文末に置きます。

Ich weiß nicht. + **Woher** kommst du?

Ich weiß nicht, **woher** du **kommst**. *I don't know **where** you come from.*

疑問詞を用いない疑問文の場合は従属接続詞 **ob** を用いて文を結びます。

Ich weiß nicht. + **Kommt** er morgen?

Ich weiß nicht, **ob** er morgen **kommt**. *I don't know **if** he will come tomorrow.*

 彼が明日来るかどうかは私にはわかりません。

―主な従属接続詞―

dass	wenn	weil	ob	nachdem

練習問題

下線部に（ ）内の不定詞を変化させ入れてみましょう。なお④については従属接続詞 dass を用いて一つの文にしましょう。

① Ich schlafe immer gut. ＿＿＿＿ du auch immer gut? (schlafen)

② Er ＿＿＿＿ nicht gern Gemüse. ＿＿＿＿ du auch nicht gern Gemüse? (essen)

③ ＿＿＿＿ mir bitte beim Kochen! (helfen) → du に対する命令で。

④ Ich ＿＿＿＿ . Er ＿＿＿＿ am Freitag eine Party. (wissen/geben)

 ＿＿＿＿＿＿＿＿＿＿＿＿＿＿＿＿＿＿＿＿＿＿＿＿＿＿＿＿＿ ←結合文

Lektion 8　複合動詞・再帰代名詞［動詞］・非人称の es

【1】複合動詞

複合動詞とは、ある動詞を基礎動詞としてこれにいろいろな前綴りをつけて作られ、固有の意味を持つ動詞のことです。この複合動詞には、前綴りに強いアクセントがあり、主文中において前綴りが基礎動詞から分離して文末に置かれる分離動詞と、前綴りにはアクセントがなく、主文中においても前綴りと基礎動詞が分離することのない非分離動詞とがあります。

	kommen	fahren	nehmen
分離動詞	**an**kommen	**ab**fahren	**teil**nehmen
非分離動詞	**be**kommen	**er**fahren	**ent**nehmen

ankommen

Der Zug **kommt** pünktlich in Berlin **an**.　　その列車は定刻にベルリンに着く。

(Der Zug **kommt** pünktlich nach Berlin.)　　（その列車は定刻にベルリンに来る。）

基本例―午後の予定についてチャットする―

☆1　分離動詞にそれぞれ下線を引きましょう。

Lena, hast du heute Nachmittag schon etwas vor?

Ja, ich nehme an dem Seminar von Professor Müller teil. Das ist bestimmt ganz interessant. Nimmst du denn nicht daran teil?

Nein, für das Seminar interessiere ich mich nicht so sehr. Fahren wir doch danach zusammen in die Stadt, wenn du Lust hast?

Ja, gern, Akira! Nach dem Seminar rufe ich dich an, ok?

Ja, alles klar! Bis dann!

※ mich については次の【2】を参照。

☆2　[ ]の文を参考に、( ) の不定詞を用いて、ドイツ語にしましょう。
① 君はいつ出発するのか。　(**ab**fahren)　　[Wohin fährst du?]
② そのパーティーは金曜日に催される。(**statt**finden)　　[Er gibt am Freitag eine Party.]

非分離動詞の場合、前綴りは分離しません。

Ich **ver**spreche dir, dass ich zur Party komme.

(**ver**sprechen)

> 主な非分離の前綴り
> **be-/emp-/ent-/er-/ge-/ver-/zer-** など

なお分離動詞であっても副文中では分離しません。

Ich komme nicht. Ich **nehme** an einem Seminar **teil**.

Ich komme nicht, **weil** ich an einem Seminar **teilnehme**.

【2】再帰代名詞〔動詞〕

再帰代名詞とは主語と同一関係にある目的語としての代名詞のことです。

Ich **stelle** meinen Jahresplan **vor**.

Ich stelle **ihn** vor. ←→ **Ich** stelle **mich** vor.
　　　　≠　　　　　　　　　　　　　　＝
　　人称代名詞　　　　　　　　　　再帰代名詞

> ドイツ語では人称代名詞を再帰代名詞として転用。ただし、主語との同一関係を保証しうる限りにおいて。

„**Er** stellt **ihn** vor."「彼は彼を紹介する」や „**Sie** stellt **sie** vor."「彼女は彼女を紹介する」の例に見るように、主語が三人称の場合、人称代名詞では主語と目的語の同一関係を保証しない、つまり「自分」ということにはならないので、**sich** という新たな形のものを用います。なお、敬称二人称（単・複）の場合も **sich** を用います。

Er stellt **ihn** vor.（ihn＝人称代名詞）　　**Er** stellt **sich** vor.（sich＝再帰代名詞）

		1人称	親称2人称	3人称			敬称2人称
単数	1格	ich	du	er	es	sie	Sie
	3格	**mir**	**dir**	**sich**			**sich**
	4格	**mich**	**dich**				
複数	1格	wir	ihr	sie			Sie
	3格	**uns**	**euch**	**sich**			**sich**
	4格	**uns**	**euch**				

※第5課参照。

☆3 空欄にそれぞれ適当な再帰代名詞を入れましょう。

ich	lege		aufs Sofa.	ich	kaufe		einen Computer.
du	legst		aufs Sofa.	du	kaufst		einen Computer.
er	legt		aufs Sofa.	er	kauft		einen Computer.

3格の再帰代名詞を用いるその他の例

Eine solche Situation stelle ich mir oft vor.   **Ich wünsche mir** mehr Mut.
   そういう状況を私はよく思い浮かべる。   私は自分にもっと勇気があればと思う。

再帰代名詞を目的語として熟語的な固有の意味を持つ動詞を再帰動詞と呼び、再帰代名詞［動詞］には次のような用法があります。

１）他動詞の自動詞化

Dein Kommen freut mich. → **Ich** freue **mich über** dein Kommen.
   君が来ることは私を喜ばせる。   私は君が来ることを喜んでいる。

２）受動的表現

Ich wiederhole **meine Frage**. → **Die Geschichte** wiederholt **sich**.
   私は私の質問を繰り返します。   *History repeats itself.*

３）相互代名詞的用法

Wir treffen heute **einen Mann**. → **Wir** treffen **uns** heute.
   私たちは今日ある男性に会います。   私たちは今日互いに出会う。

☆4 それぞれ二つの文の意味の違いを訳出しましょう。

① Er löst das Problem schnell.   Das Problem löst sich schnell.

② Er empfiehlt einen Besuch beim Hausarzt.

    Ein Besuch beim Hausarzt empfiehlt sich.

③ Sie bekämpfen die Feinde.   Sie bekämpfen sich.   ※ sie は「彼ら」の意。

【3】非人称の es

gewittern「雷雨になる」、regnen「雨が降る」、schneien「雪が降る」など自然現象を表す動詞は、「それ」という具体的な意味を持たないいわば形式的な es を必要とします。このときの es を非人称の es と呼びます。

Es regnet heute. Heute **regnet es**.

この es はまた生理・心理現象を表すときにも用いられることがあります。

Es ist **mir** kalt. / **Mir** ist kalt.   私は寒い。

―重要な熟語表現―

① Es gibt ＋［4格目的語］：「［4格目的語］がある、いる、起こる」

Gibt es hier ein**en** Supermarkt?

② Es geht ＋［3格目的語］＋状態を表す語［句］：「［3格目的語］の状態が…である」

Wie **geht** es **Ihnen**? – Danke, **es geht mir** gut.
　お元気ですか。　　　　　おかげさまで元気です。

―時刻表現の es―

Wie spät ist es jetzt? / Wie viel Uhr ist es jetzt?		
Es ist jetzt---		
	２４時間制（公的）	１２時間制（日常会話）
15.00 Uhr	fünfzehn Uhr	drei Uhr
15.10 Uhr	fünfzehn Uhr zehn	zehn nach drei
15.15 Uhr	fünfzehn Uhr fünfzehn	Viertel nach drei
15.30 Uhr	fünfzehn Uhr dreißig	halb vier
15.45 Uhr	fünfzehn Uhr fünfundvierzig	Viertel vor vier
15.50 Uhr	fünfzehn Uhr fünfzig	zehn vor vier

練 習 問 題

文意が通るようにそれぞれ下線部に適当な語を入れましょう。

A: Wann＿＿＿ein Bus nach Hohenschwangau ab?
B: ＿＿10.05 Uhr.
A: ＿＿ wie viel ＿＿ ＿＿＿＿ der Bus dort an?
B: ＿＿10.13＿＿. Die Fahrt dauert 8 Minuten.

Von Akira
An Lena
Betreff: Das Schloss Neuschwanstein
Liebe Lena,   ich freue ＿＿＿ sehr ＿＿＿ die Besichtigung des Schlosses Neuschwanstein. Ich nehme an einer Führung auf Deutsch teil. Mein Traum erfüllt ＿＿＿ bald.   Viele Grüße   Akira

Lektion 9　主文の語順・話法の助動詞・möchte・未来形・zu 不定詞［句］

【1】主文の語順

文を組み立てていく場合、文成分で見て必ず第２位に置くのが定動詞です（第２課参照）。そしてその次に重要であるのが、普通、文成分で見て文末に来る語［句］です。定動詞とこの文末の語［句］はよく対になっていて、何らかの基本的な表現になっています。また定動詞と文末の語［句］との間の文成分は、語［句］と語［句］とのつながり、格支配などに注意して、文末へ向かうほど、（語り手にとって）情報として重要な語［句］を並べていきます。ただし、定動詞第２位の原則に則り、いずれの文成分であっても文頭に持ってくることができます。

① Ich **warte** in der Cafeteria **auf dich**.　　私はカフェテリアで君を待っている。

※ **Auf dich** warte ich in der Cafeteria.

② Der Zug **kommt** pünktlich in Berlin **an**.

※もちろん例外はあります。例えば、Ich **lerne** so fleißig **Deutsch** wie du.

― Alles klar ―

> *I am **waiting for** you in the cafeteria.*
> *The train will **arrive at** Berlin on time.*

☆1　次の語を並べ替えてひとつの文にしましょう。ただし、分離動詞については不定詞をあげてあります。

① unabhängig / sie / schon / Eltern / ist / ihren / von

② am / gern / ich / ins / Wochenende / gehe / Kino

③ mit / wir / zufrieden / Studium / dem / sind

④ Museums / des / Ausstellung / ab / stattfinden / die / wann / ?

⑤ etwas / am / du / Freitagabend / vorhaben / ?

【2】話法の助動詞

話法の助動詞とは、本動詞が表す事柄に可能、必然、推量などさまざまなニュアンスを添える助動詞のことで、下表に見るように6つあります。

	können	müssen	dürfen	wollen	sollen	mögen	möchte
ich	kann	muss	darf	will	soll	mag	möchte
du	kannst	musst	darfst	willst	sollst	magst	möchtest
er	kann	muss	darf	will	soll	mag	möchte
wir	können	müssen	dürfen	wollen	sollen	mögen	möchten
ihr	könnt	müsst	dürft	wollt	sollt	mögt	möchtet
sie	können	müssen	dürfen	wollen	sollen	mögen	möchten
Sie	können	müssen	dürfen	wollen	sollen	mögen	möchten

1）話法の助動詞は主語が単数のときに固有の変化をします。ただし sollen は例外です。
2）möchte は mögen の別形態で、この形態については14課で詳しく学びます。

話法の助動詞を用いた文は、「主文の語順」に基づき、話法の助動詞が定動詞になり、これと対になる動詞は不定詞の形で文末に置きます。

① Ich **helfe** meiner Mutter oft.

　Ich **muss** meiner Mutter oft **helfen**.　　私は私の母をよく手伝わなければならない。

② Während der Arbeit **raucht** man nicht.

　Während der Arbeit **darf** man nicht **rauchen**.　　仕事中タバコを吸ってはならない。

| *I* **must** *often* **help** *my mother.* | *You* **must not smoke** *while working.* |

基本例1 —行き方を尋ねる— 🎧17

☆2　音声を聴き、下線部に語を入れましょう。

A: Entschuldigung! Wie ＿＿＿ ich die Neue Pinakothek **finden**?
B: Die Neue Pinakothek? Da ＿＿＿ Sie hier geradeaus bis zum Karlsplatz **gehen**. An der Tram-Haltestelle ＿＿＿ man die Linie 27 in Richtung Petuelring **nehmen**. Die Tram hält an der Haltestelle Pinakotheken. Die Neue Pinakothek ＿＿＿ man aber auch mit der U-Bahn **erreichen**.

☆3 （　）内の話法の助動詞を補って言い改めましょう。

① Ich nehme an dem Seminar teil. （wollen）

② Er löst das Problem schnell. （können）

なお話法の助動詞は、動詞を言い添えずとも意味が自明である場合は、独立動詞として用いることができます。

① Ich **muss** zum Arzt.

② **Kannst** du schon gut Deutsch?

【3】möchte

möchte は日常とてもよく使われる語で、「（できれば）…したい」と丁寧に、控えめに願いを述べるときに用います。これは話法の助動詞 **mögen** の別形態ですが、ここでは紹介にとどめて詳しくはあとで学ぶことにします。

① Er **wohnt** in Regensburg. → Er **möchte** in Regensburg **wohnen**.
　　　彼はレーゲンスブルクに住んでいる。　　彼はレーゲンスブルクに住みたいと思っている。

② Was **trinkst** du? → Was **möchtest** du trinken?
　　　君は何を飲みますか。　　君は何を飲みたいですか。

【4】未来形

未来形は、werden を未来の助動詞として用い、動詞は不定詞の形で文末に置きます。ただし、日常会話ではあまり用いられません。

① Das Problem **werde** ich einmal **lösen**.　　　その問題を私はいつか解決するだろう。

② Morgen **wird** das Wetter schön **sein**.　　　あすには天気はよくなるだろう。

☆4　次の各文を未来の助動詞を用いて言い改めましょう。

① Ich bin von meinen Eltern unabhängig.

② Der Zug kommt pünktlich in Berlin an.

【5】zu 不定詞 ［句］

zu 不定詞は前置詞 zu ＋不定詞で作り、zu 不定詞句は【1】で学んだ配語法に則りもっとも重要な zu 不定詞を最後に持ってきます。

wohn**en**	**zu** wohn**en**	hier in Regensburg **zu** wohn**en**
anrufen	**an****zu**rufen	dich nach dem Seminar **an****zu**rufen
besuchen	**zu** **be**suchen	die Neue Pinakothek **zu** **be**suchen

※非分離動詞の zu 不定詞は zu ＋［前綴り＋不定詞］の形にします。

基本例2 －将来の夢を語る－ 🎧18

☆5　音声を聴き、下線部に語を入れましょう。

> Lena: Hallo! Lernst du fleißig Deutsch?
> Akira: Ja, ich lerne fleißig, __ gut Deutsch __ sprechen.
> Lena: Ich freue mich, das von dir __ hör**en**.
> Akira: __ ist doch mein Traum, einmal in Deutschland __ studieren.

zu 不定詞句の用法には次のようなものがあります

1）主語として

Deutsch zu sprechen ist für mich schwer.

Es ist für mich schwer, Deutsch **zu** sprechen.

It is difficult for me to speak German.

2）目的語として

Ich **verspreche** dir, nicht mehr **zu** rauch**en**.　　私はもう喫煙しないことを君に約束する。

3）先行する名詞の内容を示して

Ich habe keine **Zeit**, ins Kino **zu** gehen.　　私には映画を観に行く時間がない。

4）da[r] ＋前置詞の融合形と結びついて

Ich freue mich sehr, **dar**auf, Sie kennenlernen **zu** dürfen.
　私はあなたとお知り合いになれることをとても楽しみにしております。

5）その他の重要な表現

① Er jobbt, **um** ein Motorrad kaufen **zu** können.

② Du arbeitest immer, **ohne** eine Pause **zu** machen.

③ Die Neue Pinakothek **ist** auch mit der U-Bahn **zu** erreich**en**.

練 習 問 題

下線部の語句を文意が通るように適当な zu 不定詞句にしてみましょう。

① Am Wochenende habe ich vor, <u>für die Prüfung lernen</u>.

② Er hat nicht die Absicht, <u>dich kritisieren</u>.

③ Ich jobbe, <u>von meinen Eltern finanziell unabhängig sein können</u>.

④ Du kannst von München direkt nach Regensburg kommen, <u>umsteigen</u>

| kritisieren | *criticize* | finanziell | *financially* |

Lektion 10　動詞の三基本形・現在完了形・過去形

【1】動詞の三基本形

不定詞・過去基本形・過去分詞を動詞の三基本形と言い、次の3つのタイプにわけることができます。

（1）規則変化動詞（弱変化）

不定詞	過去基本形	過去分詞
wohn**en**	wohn**te**	**ge**wohn**t**
arbeit**en**	arbeit**ete**	**ge**arbeit**et**
語幹＋[e]n	語幹＋[e]te	ge＋語幹＋[e]t

※語幹が -d/-t などに終わる動詞の場合は口調上 -e が入ります。

（2）不規則変化動詞（強変化）

不定詞	過去基本形	過去分詞
geh**en**	**ging**	**ge**gang**en**
trink**en**	**trank**	**ge**trunk**en**
語幹＋**en**	----×----	**ge**＋----×----＋**en**

※----×---- は語幹が変化していることを示しています。

（混合変化）

不定詞	過去基本形	過去分詞
bring**en**	**brachte**	**ge**brach**t**
wiss**en**	**wusste**	**ge**wuss**t**
語幹＋**en**	----×----te	**ge**＋----×----＋**t**

※----×---- は語幹が変化していることを示し、かつ過去基本形と過去分詞で同形になります。
また黒の太文字は規則変化動詞の特徴であることを示しています。

（3）最重要動詞（第5課参照）の三基本形

不定詞	過去基本形	過去分詞
hab**en**	**hatte**	**gehabt**
werd**en**	**wurde**	**geworden**
sein	**war**	**gewesen**

☆1　次の不定詞の過去基本形と過去分詞を空欄に入れましょう。

machen		
fahren		
kennen		

【2】過去分詞に ge- のつかない動詞

不定詞	過去基本形	過去分詞
stud**ieren**	studier**te**	studier**t**
bekommen	**bekam**	**bekommen**

※ ---ieren 型の外来語動詞および非分離動詞の過去分詞には ge- をつけません。

【3】分離動詞（第8課参照）の三基本形

不定詞	過去基本形	過去分詞
teilnehmen	nahm---**teil**	**teilge**nommen
ankommen	kam---**an**	**ange**kommen

※ ---teil は前綴りが主文中において文末に来ることを、また teilge- は、分離動詞の場合、前綴りの後ろに過去分詞の ge- がつくことをそれぞれ示しています。

【4】話法の助動詞（第9課参照）の三基本形

不定詞	過去基本形	過去分詞
könn**en**	**konnte**	**können (gekonnt)**
müss**en**	**musste**	**müssen (gemusst)**

※（　）内の過去分詞は、助動詞を独立動詞として用いたときの過去分詞形です。（第9課参照）

☆2　次の不定詞の過去基本形と過去分詞を空欄に入れましょう。

kritisieren		
verstehen		
mitkommen		
mögen		
sollen		

【5】現在完了形

現在完了形は日常会話において過去の事柄について述べるときによく用いられます。これは報告の現在完了と呼ばれるもので英語と異なる点です。ただし、haben/sein/ 話法の助動詞ではふつう過去形が使われ、過去形はまた物語や小説など書き言葉で用いられます。よって過去形は後で触れることにします。

基本例―週末について友達と語り合う― 🎧 19

☆3 下線部の空所には適当な完了の助動詞を補い、また＿＿部の不定詞を過去分詞形に改めて対話文を完成させましょう。

> Lena: Hallo! Was ___ du am Wochenende **machen**? ___ du auch am Sonntag fleißig Deutsch **lernen**?
>
> Akira: Nein, ich ___ richtig **ausschlafen** und ___ kurz vor Mittag **aufstehen**. Und dann ___ ich zu Mittag **essen**. Und danach ___ ich **fernsehen**. Und du, Lena, was ___ du denn am Wochenende **machen**?
>
> Lena: Am Samstag ___ ich mit meiner Freundin **einkaufen** und dann ___ ich mit ihr durch die Altstadt **laufen**. Am Sonntag ___ ich mein Zimmer **aufräumen** und nachmittags ___ ich nach München **fahren**, um meine Tante zu besuchen.

この基本例からも明らかなように完了形は次の形で表します。

| 完了の助動詞 haben/sein | + -------------------------- + | 過去分詞 |（文末）

たいていの場合、完了の助動詞は haben を用いますが、文末に置く過去分詞が次のような場合には sein になります。なお現在完了では haben/sein を現在人称変化させます。（第5課参照）

― **sein** を用いる場合―

① **場所の移動**を表す**自動詞**：fahren、gehen、kommen　など
② **状態の変化**を表す**自動詞**：sterben、werden、aufstehen　など
④ その他の若干の**自動詞**：bleiben、begegnen、sein　など

☆4　これまでに出てきた例文を参考にして過去の事柄として現在完了形で報告しましょう。

> Ich wohne in Regensburg. Ich studiere Informatik.
> Ich laufe gern durch die Altstadt.
> Ich gehe am Wochenende gern ins Kino.

【6】過去人称変化

	wohn**te**	**kam**	**hatte**	**wurde**	**war**	**konnte**	
ich	wohn**te**	**kam**	**hatte**	**wurde**	**war**	**konnte**	--
du	wohn**test**	**kamst**	**hattest**	**wurdest**	**warst**	**konntest**	--**st**
er	wohn**te**	**kam**	**hatte**	**wurde**	**war**	**konnte**	--
wir	wohn**ten**	**kamen**	**hatten**	**wurden**	**waren**	**konnten**	--**(e)n**
ihr	wohn**tet**	**kamt**	**hattet**	**wurdet**	**wart**	**konntet**	--**(e)t**
sie	wohn**ten**	**kamen**	**hatten**	**wurden**	**waren**	**konnten**	--**(e)n**
Sie	wohn**ten**	**kamen**	**hatten**	**wurden**	**waren**	**konnten**	--**(e)n**

※ ▭ 部の語尾については第9課の【2】「話法の助動詞」を参照。

☆5　過去形で言い換えて物語仕立てにしましょう。

> Yuzu wohnt seit fünf Monaten in Regensburg. Sie lernt fleißig Deutsch, um einmal an der Universität Soziologie studieren zu können. Sie läuft aber auch gern durch die Altstadt und manchmal geht sie am Wochenende ins Kino. Im 3. Semester kann sie die DSH* bestehen. Dann studiert sie an der Universität in Regensburg. Nach dem Studium wird sie Journalistin.

＊ DSH は Deutsche Sprachprüfung für den Hochschulzugang「大学入学のためのドイツ語試験」の省略形。

Lektion 11　受動文・現在分詞[句]と過去分詞[句]

【1】これまで出てきた助動詞構文と受動文の文型

Er **kann** das Problem schnell **lösen**.

Er **wird** das Problem schnell **lösen**.

Das Problem **wird** schnell von ihm **gelöst**.

(Er löst das Problem schnell.)

> *He **can** solve the problem quickly.*
> *He **will** solve the problem quickly.*
> *The problem **is** quickly **solved** by him.*

受動文は werden を受動の助動詞として次の形で表します。

| **werden** ＋ **von** ＋３格目的語＋ ------------------- ＋ 過去分詞 |（文末）

なお、「…によって」の部分が **von** ＋３格目的語の形になるのは、ふつう３格目的語が行為者であり、原因や媒体を示すときには前置詞 **durch** ＋４格目的語の形になることがあります。

Die Erderwärmung wird **durch Treibhausgase** verursacht.
　地球の温暖化は温室効果ガスによって引き起こされる。

☆1　次の文を受動文にしましょう。

① Er besucht mich manchmal.

② Heute untersucht der Arzt meinen Arm.

【2】自動詞を用いた受動文

他動詞を用いた能動文を受動文に改めた場合は上の例に見るように能動文の４格目的語が受動文の主語になります。一方、自動詞の場合は４格目的語を必要としないので、受動文になると主語を省略した形になります。

Heute **wird** bei uns gegen Atomkraft **demonstriert**.
　今日私たちのところでは原子力に反対してデモが行われる。

Morgen **wird** mit einem Sturm **gerechnet**.
　明日は嵐が予想される。

☆2　次の文を受動文にしましょう。

① Niemand glaubt mir.

② Heutzutage rauchen die Leute immer weniger.

【3】能動文から受動文への言い換え（man が主語の場合）

Man löst das Problem schnell.

Das Problem **wird** schnell ~~(von einem)~~ **ge**löst.

不定代名詞 man	
1格	man
2格	eines
3格	einem
4格	einen

Man「人」が主語の能動文を受動文に言い換える場合、
受動文では **von einem** となるところを省略します。

☆3　各文を受動文にしましょう。

① In Japan trinkt man sehr gern Bier auf dem Dach eines Hochhauses.

② Während der Arbeit raucht man nicht.

【4】話法の助動詞を言い添えた受動文

Das Problem **wird** schnell von ihm **gelöst.**

Das Problem *kann* schnell von ihm gelöst *werden.*

The problem can be quickly solved by him.

☆4　各文に（　）内の話法の助動詞を言い添えてみましょう。

① Mein altes Haus wird renoviert. (müssen)

② Die Hausaufgaben werden von den Kindern gemacht. (sollen)

【5】受動の時称

受動の時称については、6時称（現在・過去・未来・現在完了・過去完了・未来完了）のうち、ここでは現在、過去、現在完了の説明のみにとどめます。

Das Problem **wurde** schnell von ihm gelöst.　　　　（過去形）

Das Problem **wird** schnell von ihm gelöst.　　　　（現在形）

Das Problem **ist** schnell von ihm gelöst **worden**.　　（現在完了形）

①過去形の受動文は受動の助動詞を過去人称変化させる。
②現在完了形の受動文は、完了の助動詞 sein を現在人称変化させて定動詞とし、受動の助動詞は過去分詞（worden）にして文末に置く。

基本例－友人からのメールを読む－

☆5 メールの中で用いられている受動の助動詞と過去分詞にそれぞれ下線を引き、各過去分詞の不定詞を確認しましょう。

| Von Lena |
| An Akira |
| Betreff: Silvester in Deutschland |
| Lieber Akira,
heute möchte ich dir gern erzählen, wie man Silvester in Deutschland feiert. Bei uns wird das neue Jahr mit Raketen begrüßt. Pünktlich um Mitternacht wird ein buntes Feuerwerk in die Luft geschossen. Der Himmel ist dann voller Farben, überall in Deutschland gleichzeitig. Über 130 Millionen Euro werden von den Deutschen für das Silvesterfeuerwerk ausgegeben. Diese Tradition wird auch kritisiert. Viele Menschen werden nämlich durch die Raketen verletzt. Außerdem wird die Luft sehr verschmutzt und viel Müll wird produziert. Wie findest du das? Ich möchte deine Meinung dazu erfahren.
Herzliche Grüße
Lena |

【6】現在分詞［句］と過去分詞［句］

現在分詞は不定詞＋d の形になります。ただし、sein と tun は例外で seiend、tuend になります。

（1）述語的用法

Die Leute kämpfen gegen die Erderwärmung.
　　人々は地球の温暖化に対して戦う（戦っている）。
　　　→ Die Leute sind kämpfend gegen die Erderwärmung.

Das Schloss fasziniert Touristen. → Das Schloss ist faszinierend.
　　その城は観光客たちを魅了する。　　　その城は魅惑的だ。

※純粋に形容詞化されたものに限られます。

Die Stadt renoviert das Museum. → Das Museum ist schon renoviert.
　　その町は博物館を改修する。　　　　その博物館はすでに改修済みだ。

（２）付加語的用法

Die faszinieren**de** Burg ist sehr bekannt.
その魅惑的な山城はとても有名です。

Das renovier**te** Museum können wir wieder besuchen.
その改修された博物館を私たちはふたたび訪れることができる。

※付加語として名詞を修飾する場合には語尾がつきます（１３課参照）。なお現在分詞もしくは過去分詞が句を形成するときはこれにかかる他の成分を前に置きます。

die gegen die Erderwärmung kämpfen**den** Leute
地球の温暖化に対して戦っている人々

das ganz frisch renovier**te** Museum
その改修されたばかりの博物館

練 習 問 題

太字部分に注意して下記のニュース記事を読みましょう。

Schweres Erdbeben erschüttert Japan
Hunderttausende **wurden evakuiert**

Tokio (dap/jpa). Durch ein schweres Erdbeben der Stärke 7,3 **wurden** am Samstag im Süden Japans enorme Schäden **verursacht**. Besonders **betroffen sind** die Präfekturen Kumamoto und Oita. Wie die japanische Nachrichtenagentur JPA meldete, **wurden** 37 Menschen **getötet**. Mehr als 1.000 Menschen **wurden** zum Teil schwer **verletzt**. Hunderte von Häusern, viele Straßen und Bahnlinien **wurden** schwer **beschädigt**. Die Kyushu-Shinkansen-Linie **wurde gesperrt** und am Flughafen Kumamoto **wurden** alle Flüge **gestrichen**. Mit schweren Nachbeben **wird gerechnet**. Deswegen **wurden** 200.000 Menschen **evakuiert**. Außerdem **wurden** 5.000 Soldaten in die Katastrophenregion **entsendet**.

Lektion 12　形容詞と副詞

【1】形容詞の用法

形容詞には次の３つの用法があります。ポイントは、ⅰ）形容詞はそのままの形で副詞になり、ⅱ）名詞を修飾するときには語尾が付く点です。

① Die Kamera ist **preiswert**.　　そのカメラはお買い得だ。　　［述語的用法］

② Ich habe die Kamera relativ **preiswert** bekommen.　［副詞的用法］
　　私はそのカメラを比較的割安で手に入れた。

③ Ich habe gestern eine **preiswerte Kamera** gekauft.　［付加語的用法］
　　私はきのうお買い得なカメラを買った。

【2】形容詞の付加語的用法（1）

形容詞を名詞に付加して名詞を修飾するときには、名詞の「性・格・数」を明示する冠詞などの語がない場合、あるいはあっても無語尾で「性・格・数」が不明である場合は、形容詞にそれらの代わりを果たす語尾が付きます。そしてその語尾は「定冠詞の仲間」（第４課参照）の変化語尾にとても似たものになります。違いは男性・中性の単数２格で -es が -en になる点です。

	男	中	女	複
1格	----er	----es	----e	----e
2格	----en	----en	----er	----er
3格	----em	----em	----er	----en
4格	----en	----es	----e	----e

形容詞の付加語的用法（2）

	男	中	女	複
1格	----e	----e	----e	----en
2格	----en	----en	----en	----en
3格	----en	----en	----en	----en
4格	----en	----e	----e	----en

形容詞の前にすでに後続の名詞の「性・格・数」を明示する冠詞［の仲間］がある場合は、形容詞には次のような補助的な語尾が付きます。

以上、形容詞の語尾変化は、後続の名詞の「性・格・数」を明示するものの有無により、二通りに分けることができるわけです。

基本例1 －デパートでの買い物－ 🎧20

☆1　音声を聴き、下線部に語尾を入れましょう。

> L: Hallo!
> V: Hallo! Kann ich Ihnen helfen?
> L: Ja, gern! Ich suche ein T-Shirt.
> V: Einen Moment! Dieses gestreift__ T-Shirt ist ein neu__ Trend.
> L: Ich möchte es sehr gern anprobieren.
> V: Gerne!
> L: Das T-Shirt gefällt mir sehr gut. Das nehme ich.

表を完成させて、上の対話文をいろいろと言い換えましょう。

blue	red	green	brown	blouse	jacket	pullover	sock

braun　　grün　　rot　　blau　　　Socke　Bluse　Jacke　Pullover

【3】形容詞の名詞化（1）

形容詞は頭文字を大書し、形容詞の語尾の付け方に則り語尾を付けることで名詞化することができます。ただし、例えば男性で名詞化すれば形容詞が本来意味する性質や性格を持つ男性になります。複数で名詞化すれば人々になります。また中性で名詞化すれば、「…なもの・こと」となります。

	男	中	女	複
1格	der Gute	das Gute	die Gute	die Guten
2格	des Guten	des Guten	der Guten	der Guten
3格	dem Guten	dem Guten	der Guten	den Guten
4格	den Guten	das Gute	die Gute	die Guten

形容詞の名詞化（2）

形容詞の名詞化には他に、**etwas**＋___**es**、**nichts**＋___**es** の形をしたものがあります。下線部には形容詞の頭文字を大書したものが入り、**-es** は語尾です。性は中性で、「何か…なもの・こと」、「…なもの・ことは何もない」という意味になります。なお、格は1格ないしは4格です。

Gibt es heute **etwas N**eu**es**?　　　　　– Nein, **nichts B**esonder**es**.
　きょうは何か変わった（目新しい）事がありますか。　いいえ、変わったことは別になにもありません。

【4】形容詞と副詞の比較表現

形容詞と副詞のいずれにも原級・比較級・最上級の３級があります。

（1）規則的な変化をするもの

原級	比較級	最上級
billig	billig**er**	billig**st**
hell	hell**er**	hell**st**
neu	neu**er**	neue**st**
	------ ＋ **-er**	---- ＋ **-(e)st**

原級	比較級	最上級
cheap	*cheap**er***	*cheap**est***
bright	*bright**er***	*bright**est***
new	*new**er***	*new**est***
	------ ＋ *-er*	---- ＋ *-est*

（2）規則的な変化をし、幹母音 a、o、u が変音する一音節の形容詞

原級	比較級	最上級
alt	**ä**lt**er**	**ä**lte**st**
groß	gr**ö**ß**er**	gr**ö**ß**t**
jung	j**ü**ng**er**	j**ü**ng**st**

原級	比較級	最上級
old	*old**er***	*old**est***
big	*bigg**er***	*bigg**est***
young	*young**er***	*young**est***

※ groß の場合、語幹が -ß で終わるために、最上級では口調上語尾が -t になります。

（3）不規則な変化をするもの

原級	比較級	最上級
gut	**besser**	**best**
nahe	**näher**	**nächst**
viel	**mehr**	**meist**

原級	比較級	最上級
good	***better***	***best***
near	***nearer***	***nearest***
much	***more***	***most***

（4）比較級・最上級の付加語的用法

Haben Sie eine billig**ere** Jacke?　　Das ist die billig**ste** Jacke.

（5）比較級・最上級の述語的用法

ⅰ）原級による比較

Ich bin **so alt wie** du.　　Ich bin **nicht so alt wie** du.

ⅱ）比較級による比較

Mein Computer ist **besser als** dein Computer.

ⅲ）最上級による比較：a) 同類物中での最高と b) 一定条件下での最高

a) Die Universität Heidelberg ist **die älteste** in Deutschland.

　　　ハイデルベルク大学はドイツでいちばん古い大学です。

b) Das Schloss ist im Abendsonnenschein **am schönsten**.

　　　そのお城は夕日に映えるときがいちばん美しい。

基本例2 —観光談義— 🎧 21

☆2 音声を聴き、下線部に語尾を入れましょう。

> P: Heute habe ich ein Foto gemacht. Wie findest du das Foto, Akira?
> A: Es ist ein schön_ Herbstfoto. Ich möchte dir empfehlen, einmal die alt_ japanisch_ Kaiserstadt Kyoto zu besuchen. Kyoto ist im Spätherbst am schönst_, finde ich. Dort sind die Blätter noch bunter als in Deutschland. Und du kannst ein schön_ Farbenspiel der Natur erleben. Das ist wirklich faszinierend.
> P: Das klingt sehr interessant. Kyoto werde ich bestimmt einmal besuchen.

（6）比較級・最上級の副詞的用法

Ich arbeite fleißig. Er arbeitet fleiß**iger als** ich.
　私は熱心に勉強する。彼は私よりも熱心に勉強する。

Aber du arbeitest **am** fleißig**sten**.
　しかし君がいちばん熱心に勉強する。

原級	比較級	最上級
gern	**lieber**	**am liebsten**

（7）副詞の比較変化

Ich trinke gern Kaffee. Ich trinke **lieber** Tee **als** Kaffee.
　私はコーヒーを好んで飲みます。私はコーヒーよりも紅茶をより好んで飲みます。

Aber ich trinke **am** lieb**sten** Cola.
　しかし私はコーラをもっとも好んで飲みます。

練習問題

下線部に語尾を補って、メールを完成しましょう。

Von Lena
An Akira
Betreff: DSH
Lieber Akira, du hast geschrieben, du machst am nächst__ Montag deine Deutschprüfung DSH und du hast groß__ Angst davor. Aber ich bin ganz sicher, dass du die Prüfung schaffen wirst, auch wenn das eine sehr schwer__ Prüfung ist. Du hast doch viel gelernt und du bist gut vorbereitet. Deshalb musst du dir keine groß__ Sorgen machen. Viel Erfolg und lieb__ Grüße Lena

Lektion 13　定関係代名詞・指示代名詞・不定関係代名詞

【1】定関係代名詞

定関係代名詞は特定の先行詞を持つ関係代名詞のことで、これに導かれる文は先行詞の補足説明文であり、副文になってコンマで区切ります。従って定動詞は文末に置きます。定関係代名詞は次のように考えていけば理解しやすくなるでしょう。

定関係代名詞は定冠詞ではないので後続の名詞は不要、かつ定動詞は文末。

Die Studentin, die ~~Studentin~~ fleißig Deutsch **lernt, kommt** aus Polen.
　その女子学生は、その人は熱心にドイツ語の勉強をしていますが、ポーランド出身です。

Die Studentin, deren Fleiß ich immer **bewundere, kommt** aus Polen.
　その女子学生は、その人の勤勉さに私はいつも感心していますが、ポーランド出身です。

Die Studentin, mit **der** ich Deutsch **lerne, kommt** aus Polen.
　その女子学生は、その人と一緒に私はドイツ語を習っていますが、ポーランド出身です。

Die Studentin, die ich noch nicht so gut **kenne, kommt** aus Polen.
　その女子学生は、その人を私はまだそれほどよくは知らないのですが、ポーランド出身です。

①補足説明［関係］文をつなげる場合、コンマで区切った後、定冠詞を独立させた形でつなげて行きます。
②定関係代名詞の性はもちろん補足説明する名詞［先行詞］と同じになり、格は補足説明［関係］文内の働きによって決まってきます。
③関係文は副文になるので定動詞は文末。さらに主文が続く場合には再びコンマで区切り主文を続けます。副文内の語順については第7課参照。
④定関係代名詞の2格と複数3格は定冠詞の語尾とは異なります。また2格はかかる語の前に置きます。

	男	中	女	複
1格	der	das	die	die
2格	des**sen**	des**sen**	der**en**	der**en**
3格	dem	dem	der	den**en**
4格	den	das	die	die

基本例1 －ネットフォーラムをのぞいてみる－

☆1　定関係代名詞の部分に下線を引きましょう。

Berühmte deutsche Filme

Experte67:	Berühmte deutsche Filme? Da fällt mir „Lola rennt" ein. Der Film war in den USA einer der erfolgreichsten nicht-amerikanischen Filme, die jemals im Kino liefen.
skywalker92:	Ja, richtig. „Lola rennt" war ein Mega-Erfolg. Der Regisseur, der mit diesem Film weltberühmt wurde, heißt Tom Tykwer.
sandra_1:	„Lola rennt"? Der Film ist doch schon 20 Jahre alt! Ein neuerer Film, der in Deutschland erfolgreich war, ist „Fack ju Göhte". Das ist eine Komödie, in der Elyas M' Barek mitspielt. Den finde ich ja sooo süß! ☺
skywalker92:	Typisch Frau! Aber der Film ist wirklich super 👍. Ich habe so viel gelacht 😂. Ganz toll fand ich auch die Hauptdarstellerin Karoline Herfurth, die man beispielsweise auch aus dem Film „Das Parfum" kennt. Das ist übrigens auch ein Film, dessen Regisseur Tom Tykwer ist.
Experte67:	Ja, Filme machen kann der! „Das Parfum" ist ein toller Film, für den ich mich damals sehr interessiert habe. Einer der bis dahin teuersten deutschen Filme, der über 50 Millionen Euro gekostet hat!
Gast_013:	Fasziniert hat mich in letzter Zeit „Toni Erdmann", über den man ja viel diskutiert hat und den man sogar für den Oscar nominiert hat. Bekommen hat der Film den Oscar aber leider nicht ☹.

☆2　文意が通るように定関係代名詞を下線部に入れましょう。

　　　　　　　　　_____ in Deutschland so bekannt ist,

　　　　　　　　　_____ Mann auch Schauspieler ist,

Die Schauspielerin,　mit _____ Brad Pitt gespielt hat,　　finde ich ganz toll.

　　　　　　　　　_____ ich gestern in einem Interview

　　　　　　　　　gesehen habe,

☆3　次に下の例にならって上の各文を二つの文に分けましょう。

<例> Der Film, über den wir so viel gelacht haben, war in Japan ein Flop.

　　　私たちが大笑いしたその映画は日本では失敗だった。

　Der Film war in Japan ein Flop.　　　　その映画は日本では失敗だった。

　Wir haben über den Film so viel gelacht.　　私たちはその映画を観て大笑いした。

【2】指示代名詞

指示代名詞もまた定冠詞を独立させた形になりますが、従属接続詞の働きがなく定動詞は文末に置きません。変化の仕方は関係代名詞節の先行詞として複数2格で derer という形が加わります。

基本例2 －デパートでの買い物－ 🎧22

☆4　音声を聴き、下線部に語を入れましょう。

> Paul: Hallo!
> Verkäuferin: Hallo! Was darf es sein?
> Paul: Ich suche einen Drucker.
> Verkäuferin: Der Drucker hier ist jetzt sehr preiswert. _____ ist um 30% reduziert.
> Paul: Der Drucker ist nicht schlecht. Können Sie mir aber noch einen anderen zeigen?
> Verkäuferin: Gerne!
> Paul: _____ ist zwar ein bisschen teurer, aber ich finde _____ besser. Den Drucker nehme ich.

☆5　Drucker を下記のものにかえてみましょう。

| Kopfhörer | Digitalkamera | externe Festplatte | SD-Karte | Handy |

【3】不定関係代名詞 － wer と was －

不定関係代名詞には特定の先行詞がなく、よく次のような相関構文になります。ただし was は、指示代名詞 das や不定代名詞 alles、nichts、形容詞の最上級を中性で名詞化したものを先行詞として持つことがあります。

wer ------定 ,(der)	**was** ------定 ,(das)
wessen ------定 ,dessen	,dessen
wem ------定 ,dem	,dem
wen ------定 ,(den)	**was** ------定 ,(das)
（指示代名詞）	（指示代名詞）

※ wer----,der----、wen----,den----、was----,das---- の対になると、指示代名詞 der、den、das はよく省略されます。

基本例 3 －人を励ます－

☆6　不定関係代名詞の部分に下線を引きましょう。

| Von Lena |
| An Akira |
| Betreff: Individualismus |
| Lieber Akira,

in deiner letzten E-Mail hast du mir erzählt, wie wichtig in Japan immer noch das Gruppendenken ist und dass man gern vermeidet, seine eigene Meinung zu äußern. Alles, was du mir erzählt hast, kann ich verstehen. Aber ich hoffe, dass du dir selbst treu bleibst. Für ein individuelles Leben ist das das Wichtigste, was man machen soll. Lies doch einmal Hermann Hesses Gedicht „Im Nebel"!

Viele Grüße

Lena |

> Seltsam, im Nebel zu wandern!
> Einsam ist jeder Busch und Stein,
> Kein Baum sieht den andern,
> Jeder ist allein.
> Voll von Freunden war mir die Welt,
> Als noch mein Leben licht war;
> Nun, da der Nebel fällt,
> Ist keiner mehr sichtbar.

練習問題

カフカの『変身』の冒頭部分に挑戦しましょう。

Über **dem Tisch**, auf **dem** eine auseinandergepackte Musterkollektion von Tuchwaren ausgebreitet war – Samsa war Reisender – hing **das Bild**, **das** er vor kurzem aus einer illustrierten Zeitschrift ausgeschnitten und in einem hübschen, vergoldeten Rahmen untergebracht hatte. Es stellte **eine Dame** dar, **die** mit einem Pelzhut und einer Pelzboa* versehen, aufrecht dasaß und **einen schweren Pelzmuff***, in **dem** ihr ganzer Unterarm verschwunden war, dem Beschauer entgegenhob.

* Pelzboa：「毛皮の襟巻き」／ Pelzmuff：「毛皮のマフ」

Lektion 14　接続法第２式

【１】接続法第２式の形態

接続法とは話者の心や頭に単に浮かんだに過ぎない事を表す表現形式であり、第１式と第２式と呼ばれるものがあります。第１式は間接話法と要求話法に、第２式は外交的接続法（丁寧で婉曲的な表現）と非現実話法に用いられます。ここでは日常よく使われる接続法第２式について学びます。一方、第１式は日常会話ではほぼ用いられないため「補遺」で説明します。

	hatte	war	wurde	kam	mochte	konnte	
ich	hätte	wäre	würde	käme	möchte	könnte	-(e)
du	hättest	wärest	würdest	kämest	möchtest	könntest	-(e)st
er	hätte	wäre	würde	käme	möchte	könnte	-(e)
wir	hätten	wären	würden	kämen	möchten	könnten	-(e)n
ihr	hättet	wäret	würdet	kämet	möchtet	könntet	-(e)t
sie	hätten	wären	würden	kämen	möchten	könnten	-(e)n
Sie	hätten	wären	würden	kämen	möchten	könnten	-(e)n

※１）接続法第２式の動詞の形態は過去基本形をベースに作ります。まずは過去基本形を思い出して、両者の相違点を押さえることがポイントです。（第１０課参照）

２）接続法２式の人称変化は、過去基本形が -e で終わらないものには -e を補う点以外、過去人称変化と根本的な違いはありません。

３）不規則変化動詞の過去基本形が幹母音として a、o、u を持つものは、変音して ä、ö、ü になる場合が多いです。

４）規則変化動詞の場合は werden［第２式形］＋ ---- ＋［不定詞］の型になります。例えば „Ich wohnte in Regensburg."［接続法第２式現在］は „Ich würde in Regensburg wohnen." という具合になります。

５）特によく用いられる不規則変化動詞としては他に gehen、bleiben、wissen 等があります。また話法の助動詞 wollen、müssen、dürfen もよく用いられます。

☆１　学生同士のチャットの一部分を読み、接続法第２式の形態になっている語に下線を入れましょう。

...

akira96: Heute wollte ich Essen einkaufen, aber der Supermarkt war geschlossen!!!

tom_tom: @akira96: Klar! Heute ist Sonntag. Da sind die Geschäfte natürlich zu.

akira96: Ich komme aus Japan. Die Supermärkte haben dort immer offen und man kann immer einkaufen.

tom_tom: Willkommen in Deutschland ;-) Eine kleine Warnung: Auch in der Nacht sind die Supermärkte geschlossen.

akira96: Haha, vielen Dank für die Warnung ☺

lilly1: @akira96: Das Problem kenne ich auch ☺ Ich komme aus den USA. Es wäre besser, wenn man auch in Deutschland rund um die Uhr einkaufen könnte.

akira96: Ja, das finde ich auch. Vor allem am Sonntag sollten die Geschäfte doch bitte aufmachen!!!

tom_tom: Warum? Reicht es nicht, von Montag bis Samstag einkaufen zu können? Ihr tut ja so, als ob man verhungern müsste, nur weil die Geschäfte am Sonntag geschlossen haben.

lilly1: @tom_tom: Am Sonntag hätte ich auf jeden Fall mehr Zeit und könnte stressfreier shoppen! Es kämen doch auch mehr Kunden und die Geschäfte würden mehr Geld verdienen.

tom_tom: Und was ist mit den Verkäuferinnen und Verkäufern? Die müssten dann auch am Sonntag arbeiten. Die brauchen doch auch mal ihre Ruhe ☹ Ihr solltet auch daran denken. Ich meine, der Sonntag ist doch auch ein Tag für die Familie.

akira96: Ja, stimmt. Wenn ich am Sonntag arbeiten müsste, würde ich auch anders denken.

...

【2】非現実話法

非現実話法は、事実ではない、あるいは事実ではなかった事柄を述べる前提部と、その結果を述べる結論部からなります。

非現実話法－現在－　現在の事実に反することを述べるとき

Wenn ich nicht viel zu tun **habe, komme** ich zur Party.
やるべき事がたくさんなければ　　　　　　　　　　私はパーティーに行く。

ココを接続法第２式の形態にする

Wenn ich nicht so viel zu tun **hätte, käme** ich zur Party.
　やるべき事がこんなにもたくさんなければ、私はパーティーに行くだろう。

※結論部に推量の助動詞の接続法２式形を用いた場合

Wenn ich nicht so viel zu tun **hätte, würde** ich zur Party kommen.

非現実話法－過去－　過去の事実に反することを述べるとき

Wenn Paul gestern auf der Party nicht so viel **gegessen hätte, hätte** er jetzt keine Bauchschmerzen.
　ペーターは、昨日パーティーの席であんなにたくさん食べていなかったなら、いま腹痛にはなっていないだろう。

※現実は次のような状態にあります

Paul **hat** gestern auf der Party zu viel **gegessen**. Jetzt **hat** er Magenschmerzen.
　ペーターは、昨日パーティーの席であんなにたくさん食べた。彼はいま胃痛を患っている。

前提部の独立

Wenn ich doch in Regensburg wohnen **könnte**!
　レーゲンスブルクに住むことができたなら。

結論部の独立

Ich **hätte** damals an dich denken sollen!
　あのとき君のことを考えるべきだった。

Wegen des Staus **wäre** ich fast zu spät zur Prüfung **gekommen.**
　渋滞のために危うく試験に遅刻するところだった。

非現実話法による比較－ **als ob** ＋接続法第２式－

Sie hat so getan, **als ob** sie nichts gewusst **hätte**.
　彼女はあたかも何も知らなかったかのように振る舞った。

※ ob の省略　Sie hat so getan, **als hätte** sie nichts gewusst.

【3】外交的接続法

ある事柄を歯に衣着せずにダイレクトに言えば何らかのマイナスの結果を生じるかも知れません。これを避けて丁寧に、あるいは遠回しに外交的にうまく表現する言い方を外交的接続法と呼ぶわけです。

① Ich habe einen Vorschlag.

　　Ich **hätte** einen Vorschlag.

② Das ist sehr schön.

　　Das **wäre** sehr schön.

③ Das soll er morgen machen.

　　Das **sollte** er morgen machen.

I (would) have a suggestion.
That would be very nice.
He should do that tomorrow.

☆2　次のそれぞれの文を外交的接続法で言い改めましょう。

① Ich habe eine preiswerte Kamera.（※副詞 gern を加えて）

② Können Sie mir den Weg zum Bahnhof sagen?

③ Du sollst langsam nach Haus gehen.

練 習 問 題

次の例にならって非現実話法にしましょう。

Paul hat mich nicht angerufen. Deshalb habe ich ihn nicht abgeholt.

Wenn Paul mich angerufen hätte, hätte ich ihn abgeholt.

① Er kommt nicht zur Uni, weil er Fieber hat.

② Ich kaufe das T-Shirt nicht, weil es mir nicht so gut gefällt.

③ Wir haben an dem Workshop teilgenommen, weil er interessant war.

④ Mit deiner Hilfe kann ich das Problem lösen.

⑤ Bei schönem Wetter sind sie in die Berge gegangen.

補 遺

【1】男性弱変化名詞（5課の補充）

男性名詞のなかには、単数1格を除き、名詞自体の後ろに語尾 -[e]n が付くものがあり、こうした男性名詞を男性弱変化名詞と呼びます。

	単　数	複　数
1格	der Student	die Studenten
2格	des Studenten	der Studenten
3格	dem Studenten	den Studenten
4格	den Studenten	die Studenten

	単　数	複　数
1格	der Junge	die Jungen
2格	des Jungen	der Jungen
3格	dem Jungen	den Jungen
4格	den Jungen	die Jungen

	単　数	複　数
1格	der Herr	die Herren
2格	des Herrn	der Herren
3格	dem Herrn	den Herren
4格	den Herrn	die Herren

※これらの他にも例えば Mensch、Patient、Polizist などがあります。また Museum、Datum など特殊な変化をするものもあり、そのつど辞書の表記に気をつけましょう。

【2】平叙文の6時称（10課の補充）

未来	Er wird das Problem schnell lösen.	Sie wird nach Köln fahren.
現在	Er löst das Problem schnell.	Sie fährt nach Köln.
過去	Er löste das Problem schnell.	Sie fuhr nach Köln.
現在完了	Er hat das Problem schnell gelöst.	Sie ist nach Köln gefahren.
過去完了	Er hatte das Problem schnell gelöst.	Sie war nach Köln gefahren.
未来完了	Er wird das Problem schnell gelöst haben.	Sie wird nach Köln gefahren sein.

―補充問題―

次の文を未来・過去・現在完了・過去完了・未来完了で言いましょう。

① Das Kind erledigt seine Hausaufgaben.

② Der Zug fährt pünktlich ab.

③ Wir machen das Unmögliche möglich.

【3】話法の助動詞に準ずる動詞（知覚動詞・使役動詞）

知覚動詞や使役動詞を用いると助動詞構文と同じ構文になります。

| 話法の助動詞構文 | は | 話法の助動詞 | + ------------------ + | 不定詞 | （文末） |
| 未　来　形 | は | werden | + ------------------ + | 不定詞 | （文末） |

> ① Während der Arbeit **darf** man nicht **rauchen**.
> ② Sie **kann** schon sehr gut Deutsch **sprechen**.
> ③ Paul **wird** mein kaputtes Fahrrad **reparieren**.

Während der Arbeit **sehe** ich ihn manchmal versteckt **rauchen**.
　仕事中に私は彼がときどき隠れてタバコを吸っているのを目にしている。

Ich **höre** sie schon sehr gut Deutsch **sprechen**.
　私は彼女がすでにとても上手にドイツ語を話すのを耳にしている。

Ich **lasse** Paul mein kaputtes Fahrrad **reparieren**.
　私はパウルに私の壊れた自転車を修理してもらう。

―補充問題―

次の各文に（　）内の動詞を言い添えてみましょう。

① Ein Tourist sucht die Steinerne Brücke. (sehen)　　※主語は ich。

② Lena spielt sehr gut Klavier. (hören)　　※主語は wir。

③ Der Arzt untersucht meinen Magen. (lassen)　　※主語は ich。

【4】受動文の6時称（11課の補充）

未来	Das Problem wird schnell von ihm gelöst werden.
現在	Das Problem wird schnell von ihm gelöst.
過去	Das Problem wurde schnell von ihm gelöst.
現在完了	Das Problem ist schnell von ihm gelöst worden.
過去完了	Das Problem war schnell von ihm gelöst worden.
未来完了	Das Problem wird schnell von ihm gelöst worden sein.

【5】関係副詞 － wo と wie －

① **Das Kaufhaus**, **wo** (**in dem**) es viele Sonderangebote gibt, ist unter Kunden sehr beliebt.
   特売品がたくさんあるこのデパートは客の間でとても人気がある。

② **Den Tag**, **wo** (**an dem**) wir uns zum ersten Mal getroffen haben, werde ich nie vergessen.
   私は私たちが初めて互いに出会った日のことを決して忘れないだろう。

【6】接続法第2式の4時称（14課の補充）

未来	Er wird das Problem lösen.	Er **würde** das Problem lösen.
現在	Er löst das Problem.	Er **löste** das Problem.
過去	Er löste das Problem.	Er **hätte** das Problem gelöst.
現在完了	Er hat das Problem gelöst.	
過去完了	Er hatte das Problem gelöst.	
未来完了	Er wird das Problem gelöst haben.	Er **würde** das Problem gelöst haben.

＜ココが2式＞

※1）„Er **würde** das Problem lösen." は推量表現になっており、下の接続法第2式現在の言いかえになります。未来形としては今日では使われません。

※2）„Er **löste** das Problem." は古い言い方であり、würde［推量の助動詞］＋ --- ＋不定詞の型が使われます。

※3）直説法の過去・現在完了・過去完了は接続法第2式ではひとくくりされて過去になります。

※4）未来完了はあまり用いられません。

【7】接続法第1式の形態

	wohnen	fahren	sprechen	haben	werden	sein	
ich	wohne	fahre	spreche	habe	werde	sei	-e
du	wohnest	fahrest	sprechest	habest	werdest	sei(e)st	-est
er	wohne	fahre	spreche	habe	werde	sei	-e
wir	wohnen	fahren	sprechen	haben	werden	seien	-en
ihr	wohnet	fahret	sprechet	habet	werdet	seiet	-et
sie	wohnen	fahren	sprechen	haben	werden	seien	-en
Sie	wohnen	fahren	sprechen	haben	werden	seien	-en

※接続法第1式の動詞は、〔語幹〕＋eに接続法の語尾を付けて人称変化させます。

【8】接続法第1式の4時称（14課の補充）

未来	Er wird das Problem lösen.	Er **werde** das Problem lösen.
現在	Er löst das Problem.	Er **löse** das Problem.
過去	Er löste das Problem.	
現在完了	Er hat das Problem gelöst.	Er **habe** das Problem gelöst.
過去完了	Er hatte das Problem gelöst.	
未来完了	Er wird das Problem gelöst haben.	Er **werde** das Problem gelöst haben.

ココが1式

【9】接続法第1式の用法

（A）要求話法

これは第3者（3人称）に対する要求・願望を表す言い方であり、祈願から無関心な要求（認容）まで、いろいろなレベルでの要求があります。ただ今日、日常会話では慣用表現として使われる程度です。

① Gott **sei** Dank!　　　ありがたいことに！「神に感謝あれ！」

② Gott **möge** uns beistehen!　　　「神が私たちを助けたもうように！」

③ Hoch **lebe** das Geburtstagskind!　　　「お誕生日の子、バンザイ！」

May God help us!

> Viel Glück und viel Segen
> auf all deinen Wegen,
> Gesundheit und Frohsinn
> **sei** auch mit dabei.

幸せ多きように、祝福多きように
お前が歩むすべての途上で、
そしてまた恵まれますように、
いつも健康と陽気な気分に。

（B）間接話法

① 平叙文

Er sagte: „**Ich** komme nicht, weil **ich** Fieber **habe**."

Er sagte, **er komme** nicht, weil **er** Fieber **habe** .

Sie sagten: „**Wir** wohn**en** hier in Regensburg."

Sie sagten, **sie** wohn**ten** hier in Regensburg.

※接続法第Ⅰ式が直説法と同形になるときには第２式を用います。ただし、規則変化動詞の第２式形であり直説法過去と同形になってしまうので、**würde**［推量の助動詞］＋ --- ＋不定詞の型が使われます。従って、次のようになります。

Sie **würden** hier in Regensburg **wohnen**.

②疑問文

Sie fragte ihn: „**Wo** wohn**st** du?"

Sie fragte ihn, **wo** er wohn**e**.

Sie fragte ihn: „**Wohnst** du hier in Regensburg?"

Sie fragte ihn, **ob** er hier in Regensburg wohn**e**.

※疑問詞を用いない疑問文を間接引用するときには従属接続詞 ob を用います。（第７課参照）

③命令文

Der Arzt sagt: „**Treiben Sie** mehr Sport!"
　「もっとスポーツをなさるように」、と医者は言っている。

Der Arzt sagt, ich **solle** mehr Sport treiben.

Sie sagte zu dem Gast: „**Kommen Sie doch bitte** etwas später wieder."
　彼女は客に「どうかもう少し後でもう一度お越し下さい」と言った。

Sie sagte zu dem Gast, er **möge** doch bitte etwas später wiederkommen.

―補充問題―

次の文を間接話法で言ってみましょう。

① Viele Touristen sagen: „Die Steinerne Brücke ist sehr schön."

② Sie fragte mich: „Woher kommst du?"

③ Mein Freund sagte zu mir: „Komm auch zur Party!"

おもな不規則動詞の変化表

不定詞	直説法現在	直説法過去	接続法第2式	過去分詞
beginnen 始める，始まる		begann	begänne (begönne)	begonnen
bieten 提供する		bot	böte	geboten
binden 結ぶ		band	bände	gebunden
bitten 頼む		bat	bäte	gebeten
bleiben とどまる		blieb	bliebe	geblieben
brechen 破る	*du* brichst *er* bricht	brach	bräche	gebrochen
bringen もたらす		brachte	brächte	gebracht
denken 考える		dachte	dächte	gedacht
dürfen 〜してもよい	*ich* darf *du* darfst *er* darf	durfte	dürfte	gedurft (dürfen)
essen 食べる	*du* isst *er* isst	aß	äße	gegessen
fahren （乗り物で）行く	*du* fährst *er* fährt	fuhr	führe	gefahren
fallen 落ちる	*du* fällst *er* fällt	fiel	fiele	gefallen
fangen 捕まえる	*du* fängst *er* fängt	fing	finge	gefangen
finden 見つける		fand	fände	gefunden
fliegen 飛ぶ		flog	flöge	geflogen
geben 与える	*du* gibst *er* gibt	gab	gäbe	gegeben
gehen 行く		ging	ginge	gegangen
gelingen うまくいく	*es* gelingt	gelang	gelänge	gelungen
genießen 楽しむ		genoss	genösse	genossen

不定詞	直説法現在	直説法過去	接続法第2式	過去分詞
geschehen 起こる	*es* geschieht	**geschah**	geschähe	**geschehen**
gewinnen 得る		**gewann**	gewänne (gewönne)	**gewonnen**
graben 掘る	*du* gräbst *er* gräbt	**grub**	grübe	**gegraben**
greifen つかむ		**griff**	griffe	**gegriffen**
haben 持っている	*du* hast *er* hat	**hatte**	hätte	**gehabt**
halten つかんでいる	*du* hältst *er* hält	**hielt**	hielte	**gehalten**
hängen かかっている		**hing**	hinge	**gehangen**
heißen 〜と呼ばれる		**hieß**	hieße	**geheißen**
helfen 助ける	*du* hilfst *er* hilft	**half**	hülfe (hälfe)	**geholfen**
kennen 知る		**kannte**	kennte	**gekannt**
kommen 来る		**kam**	käme	**gekommen**
können 〜できる	*ich* kann *du* kannst *er* kann	**konnte**	könnte	**gekonnt** (**können**)
laden 積む	*du* lädst *er* lädt	**lud**	lüde	**geladen**
lassen 〜させる	*du* lässt *er* lässt	**ließ**	ließe	**gelassen**
laufen 走る	*du* läufst *er* läuft	**lief**	liefe	**gelaufen**
lesen 読む	*du* liest *er* liest	**las**	läse	**gelesen**
liegen 横たわっている		**lag**	läge	**gelegen**
mögen 好きである 〜かもしれない	*ich* mag *du* magst *er* mag	**mochte**	möchte	**gemocht** (**mögen**)
müssen 〜しなければならない	*ich* muss *du* musst *er* muss	**musste**	müsste	**gemusst** (**müssen**)
nehmen 取る	*du* nimmst *er* nimmt	**nahm**	nähme	**genommen**

不定詞	直説法現在	直説法過去	接続法第2式	過去分詞
nennen 名を言う		**nannte**	nennte	**genannt**
raten 助言する	*du* rätst *er* rät	**riet**	riete	**geraten**
reiten 馬に乗る		**ritt**	ritte	**geritten**
rufen 呼ぶ		**rief**	riefe	**gerufen**
scheinen 〜に見える，輝く		**schien**	schiene	**geschienen**
schlafen 眠っている	*du* schläfst *er* schläft	**schlief**	schliefe	**geschlafen**
schlagen 打つ	*du* schlägst *er* schlägt	**schlug**	schlüge	**geschlagen**
schließen 閉じる		**schloss**	schlösse	**geschlossen**
schneiden 切る		**schnitt**	schnitte	**geschnitten**
schreiben 書く		**schrieb**	schriebe	**geschrieben**
schreien 叫ぶ		**schrie**	schriee	**geschrie[e]n**
schweigen 黙る		**schwieg**	schwiege	**geschwiegen**
schwimmen 泳ぐ		**schwamm**	schwömme (schwämme)	**geschwommen**
sehen 見る	*du* siehst *er* sieht	**sah**	sähe	**gesehen**
sein 〜である	*ich* bin *du* bist *er* ist	**war**	wäre	**gewesen**
singen 歌う		**sang**	sänge	**gesungen**
sinken 沈む		**sank**	sänke	**gesunken**
sitzen すわっている		**saß**	säße	**gesessen**
sollen 〜すべきである	*ich* soll *du* sollst *er* soll	**sollte**	sollte	**gesollt** **(sollen)**
sprechen 話す	*du* sprichst *er* spricht	**sprach**	spräche	**gesprochen**

不定詞	直説法現在	直説法過去	接続法第2式	過去分詞
stehen 立っている		**stand**	stünde (stände)	**gestanden**
steigen 登る		**stieg**	stiege	**gestiegen**
sterben 死ぬ	*du* stirbst *er* stirbt	**starb**	stürbe	**gestorben**
tragen 運ぶ	*du* trägst *er* trägt	**trug**	trüge	**getragen**
treffen 出会う	*du* triffst *er* trifft	**traf**	träfe	**getroffen**
treiben 追う		**trieb**	triebe	**getrieben**
treten 歩む	*du* trittst *er* tritt	**trat**	träte	**getreten**
trinken 飲む		**trank**	tränke	**getrunken**
tun する		**tat**	täte	**getan**
vergessen 忘れる	*du* vergisst *er* vergisst	**vergaß**	vergäße	**vergessen**
verlieren 失う		**verlor**	verlöre	**verloren**
verschwinden 消える		**verschwand**	verschwände	**verschwunden**
wachsen 成長する	*du* wächst *er* wächst	**wuchs**	wüchse	**gewachsen**
waschen 洗う	*du* wäschst *er* wäscht	**wusch**	wüsche	**gewaschen**
wenden 向ける		**wandte**	wendete	**gewandt**
werden ～になる	*du* wirst *er* wird	**wurde**	würde	**geworden**
werfen 投げる	*du* wirfst *er* wirft	**warf**	würfe	**geworfen**
wissen 知っている	*ich* weiß *du* weißt *er* weiß	**wusste**	wüsste	**gewusst**
wollen ～したい	*ich* will *du* willst *er* will	**wollte**	wollte	**gewollt** (wollen)
ziehen 引く		**zog**	zöge	**gezogen**

倉田　勇治　（くらた　ゆうじ）
Thomas Stahl（トーマス　シュタール）
藤原　美沙　（ふじわら　みさ）

© かしこく学ぶドイツ語
Deutsch, so einfach!

2018 年 2 月 1 日　初版発行　　定価　本体 2,500 円（税別）

編著者	倉田 勇治
	Thomas Stahl
	藤原 美沙
発行者	近藤 孝夫
印刷所	萩原印刷株式会社

発行所　株式会社　同学社
〒 112-0005　東京都文京区水道 1-10-7
電話 (03)3816-7011（代表）　振替 00150-7-166920

ISBN 978-4-8102-0890-0　　Printed in Japan

許可なく複製・転載することならびに
部分的にもコピーすることを禁じます。

アポロン独和辞典

［第3版］

根本・恒吉・吉中・成田・福元・重竹
有村・新保・本田・鈴木　［共　編］

B6判・1836頁・箱入り・2色刷　　定価 本体 4,200円（税別）

初学者のために徹した最新の学習ドイツ語辞典！

- ◆ 最新の正書法に完全対応
- ◆ 実用に十分な5万語を収録
- ◆ すぐ読めるカナ発音つき
- ◆ 学習段階に応じ見出し語をランク付け
- ◆ 「読む・書く・話す」を強力に支援
- ◆ 見やすい紙面・豊富な図版
- ◆ すぐに役立つコラムと巻末付録
- ◆ ドイツが見える「ドイツ・ミニ情報」

巻末付録：和独の部／手紙の書き方／環境用語／福祉用語／建築様式／ドイツの言語・政治機構・歴史／ヨーロッパ連合（EU）と欧州共通通貨ユーロ（Euro）／発音について／最新の正書法のポイント／文法表／動詞変化表

やさしい！ドイツ語の学習辞典

根本道也　編著

B6判・770頁・箱入り・2色刷　　定価 本体 2,500円（税別）

- ● 見出し語総数約7000語。カナ発音付き。
- ● 最重要語600語は、大きな活字で色刷り。
- ● 最重要語の動詞や名詞の変化形は一覧表でそのつど表示。
- ● 一段組の紙面はゆったりと見やすく、目にやさしい。
- ● 巻末付録：「和独」「簡単な旅行会話」「文法」「主な不規則動詞変化表」

〒112-0005　東京都文京区水道1-10-7　　同学社　　tel 03-3816-7011　fax 03-3816-7044
http://www.dogakusha.co.jp　　　　　　　　　　　　振替 00150-7-166920